PODCASTING

DEIN LEICHT VERSTÄNDLICHER FAHRPLAN ZUM EIGENEN PODCAST

KLAUDIA ZOTZMANN-KOCH

EDITION SIL | BEN | REICH

Dritte, überarbeitete Auflage

Coverdesign & Illustrationen:
Klaudia Zotzmann-Koch

Dieses Buch wurde zuerst mit dem Titel »Podcasting für Kreative« veröffentlicht. Feedback von Lesenden war allerdings, dass das Buch einfach »für jede:n« sein sollte. Also dann, ab der dritten Auflage heißt es:

»Podcasting«
… nicht nur für Kreative.

DANKE

Liebe Leserin, lieber Leser,

herzlichen Dank, dass Du dieses Buch erstanden hast. Ich freue mich wirklich sehr darüber. Jeder Buchkauf ist nicht nur ein Stückchen meines Einkommens als Autorin, sondern motiviert vor allem ungemein. Ich danke Dir für diese doppelte Unterstützung.

Viel Spaß beim Lesen,

Klaudia

INHALT

HAFTUNGSAUSSCHLUSS & URHEBERRECHTSHINWEIS

Dieses Buch ist für Technik-Laien geschrieben, für Menschen, die gerne podcasten wollen, aber bisher vielleicht von Fachbegriffen und technischen Ausführungen eher abgeschreckt wurden. Daher sind die technischen Inhalte stark vereinfacht und schematisiert, um sie möglichst verständlich zu machen. Die technisch Interessierten mögen es verzeihen.

Die Nennungen von konkreter Software, Plugins, Hardware etc. sind Vorschläge. Es sind Programme und Geräte, die ich selbst benutze oder kenne. Ich bekomme kein Geld dafür, dass ich sie hier nenne. Wenn vorhanden, stelle ich Dir mehrere Alternativen vor, sodass Du Deine eigene Entscheidung treffen kannst.

An einigen Stellen gibt es Links, die auf Angebote Dritter verweisen, auf die ich keinen Einfluss habe und somit für deren Inhalte etc. keine Gewähr übernehme.

Alle in diesem Buch verwendeten Marken- und Produktnamen sind Eigentum der jeweiligen Unternehmen. Die Inhalte wurden mit größter Sorgfalt und Genauigkeit erstellt, für die Richtigkeit, Vollständigkeit und Aktualität der Inhalte übernehme ich jedoch keine Gewähr. Sollte Dir ein Fehler auffallen, freue ich mich sehr über eine Nachricht an podcastbuch@zotzmann-koch.com :)

Die Quellenangaben stellen nur eine Auswahl von zumeist einer Fülle an Informationen dar. Ich lade Dich ein, selbst weiter zu recherchieren und Dich zu informieren. Sollte Dir dabei auffallen, dass es noch viel bessere Quellen gibt oder ich einen Sachverhalt falsch oder nicht scharf genug dargestellt habe, freue ich mich auch da über eine Nachricht an

podcastbuch@zotzmann-koch.com.

Auf der Buch-Detailseite gibt es eine Unterseite mit Updates, weiteren Links und Quellen:

https://www.zotzmann-koch.com/podcasting

ÜBER DICH

Dieses Buch ist für Menschen geschrieben, die einfach Lust auf Podcasten haben und das Thema kreativ angehen möchten. Einige Lesende sind vielleicht sogar selbständig im Kreativbereich: Autor:innen, Musiker:innen, Goldschmied:innen, Fotograf:innen, Künstler:innen, Tänzer:innen, Filmemacher:innen und all jene, die sich mit Spaß und Kreativität einen (weiteren) Kommunikationskanal zu ihren Fans, Kund:innen, Leser:innen und Hörer:innen aufbauen und eine – vielleicht ganz neue – Kommunikationsbasis schaffen möchten. Für diese sind die Hinweise zur rechtssicheren Umsetzung ihres Podcasts im Business gedacht. Es ist ebenfalls für Menschen, die einen Podcast über ihr kreatives Hobby oder auch einen Podcast als kreatives Hobby starten wollen.

Dieses Buch ist NICHT für Marketingmenschen geschrieben, die nur auf Verkaufszahlen schielen und durch einen Podcast Geld fließen sehen wollen. Wenn Du zu den Menschen gehörst, die auf vergleichende Analytics-Grafiken und Monetarisierung high werden, leg dieses Buch bitte sofort zurück. Es ist nicht für Dich.

ÜBER MICH

Hallo, mein Name ist Klaudia Zotzmann-Koch. Ich bin Autorin, Podcasterin und Datenschutzexpertin und begeisterte Podcasthörerin seit Winter 2005/2006. Ich weiß noch ganz genau, wie ich in meiner alten Wohnung saß … Es war ein verdammt kalter Winter; der kälteste, den ich je in Wien erlebt habe. So kalt, dass der Kater freiwillig unter der Decke geschlafen hat. Da habe ich meine ersten Podcasts heruntergeladen und gehört. Darunter auch der Podcast des literaturcafe.de.

Seit Herbst 2016 bin ich selbst aktive Podcasterin. Die Idee ist lange gereift und bei der Sprecherausbildung (für bessere Lesungen) hat es dann »Klick« gemacht. Mittlerweile habe ich vier eigene Podcasts (*ViennaWriter's Podcast, Der Datenschutz Podcast, Desperate Househackers* und *Schreibtischgespräche*) und bin Teil des *Sendegarten*-Teams, was ein regelmäßiger Podcast über die Podcastwelt ist.

Ich gebe Workshops in allen drei meiner Gebiete: kreatives Schreiben, Datenschutz und Podcasting.

Das vorliegende Buch ist eine Zusammenstellung meiner Erfahrungen sowie der Dinge, die ich aus den Fragen und von Beiträgen der Teilnehmer:innen meiner Workshops gelernt habe.

Im ersten Teil beantworte ich die brennendsten Fragen und danach folgen genauere Ausführungen von der Themenfindung über die Technik bis zur Veröffentlichung und Verbreitung eines Podcasts. Das Buch soll ein Wegweiser sein und erhebt keinen Anspruch auf Vollständigkeit.

Es gibt eine Vielzahl an Wegen, die zum eigenen Podcast führen. Tatsächlich wohl so viele, wie es aktive Podcaster:innen auf der Welt gibt. Und so viel verschiedenes technisches Equipment, dass einem bei der Recherche schwindlig werden kann. Hier ist jeweils eine kleine Auswahl genannt, im Wissen, nie alles abdecken zu können. Du wirst also nicht darum herum kommen, selbst noch etwas zu recherchieren und letztlich Deinen ganz persönlichen Weg für Deinen eigenen Podcast zu finden.

1

POD-WAS?

Warum trenden Podcasts immer wieder? Das Format ist nicht neu, immerhin gibt es sie seit den frühen Zweitausendern und auch im deutschsprachigen Raum haben wir Podcaster:innen der ersten Stunde. So twitterte Tim Pritlove im April 2020:

> »Gerade mal grob überschlagen, wie viele Podcasts ich in den knapp 14,5 Jahren seit Beginn rausgehauen habe und komme auf ungefähr 1,8 Sendungen pro Woche.«
>
> — TIM PRITLOVE, APRIL 2020

Und er podcastet noch immer mit Begeisterung, und mit ihm viele andere. Mittlerweile geben auch unzählige Medienhäuser Audioformate heraus und immer mehr Prominente und Marketingabteilungen entdecken das Medium für sich. Noch viel mehr Menschen hören täglich

Podcasts. Aber warum? Die Kurzfassung ist: es ist die Intimität, die Nähe, die zwischen Podcaster:innen und Hörer:innen entsteht.

Der überwiegende Teil aller Podcastkonsument:innen hört mit Kopfhörern. Es schweben Zahlen im Raum von 70 bis über 90 Prozent, je nach Studie oder Quelle, die herangezogen wird. Das heißt, als Podcaster:innen sind wir ganz dicht *im* Ohr unserer Zuhörer:innen. Intimer wird es nicht mehr. Selbst Autor:innen, deren Bücher Menschen mit ins Bett nehmen, kommen nicht so dicht dran. Die einzigen, die das schaffen, sind Hersteller von Sexspielzeug. Podcasts sind also der intimste Kommunikationskanal, den wir haben können.

Ein Podcast lebt davon, durch diese Intimität Vertrauen aufzubauen. Marktschreierisches Anpreisen ist also fehl am Platz und falls Du Deinen Podcast als reines Marketinginstrument siehst und auf Verkaufszahlen und Monetarisierung schielst, darfst Du dieses Buch gleich wieder weglegen, denn ich verfolge einen anderen Ansatz.

Durch Deine Stimme wissen Deine Zuhörer:innen ganz genau, ob Du es ernst meinst – oder nicht. Ob Du hinter dem, was Du sagst, stehst – oder nicht. Unsere Stimme verrät sehr viel über uns, viel mehr als der reine Inhalt, den wir sagen. Wenn ein:e Verwandte:r von Dir anruft oder ein:e gute:r Freund:in, weißt Du in den ersten drei Sekunden, wie es der Person geht. Und bei unseren Podcasthörer:innen ist das ganz genauso.

Dabeisein ist alles.

Es gibt Hörer:innen, die rein auf Informationen aus sind. Und wenn Du ausschließlich auf Wissensvermittlung abzielst, wird dies voraussichtlich auch den Großteil Deiner zukünftigen Hörer:innenschaft ausmachen. Es gibt aber auch eine sehr große Anzahl von Podcasthörer:innen, die es mögen, *dabei* zu sein. Als würden sie in Deinem Arbeitszimmer, in Deiner Werkstatt, Deinem Atelier oder Studio neben Dir sitzen und »Mäuschen spielen«. Sie mögen es auch, Deine Entwicklung mitzuverfolgen. Das heißt, Du kannst Deinen Podcast da starten, wo Du gerade stehst. Es muss nicht alles perfekt sein. Du hast noch keine Intromusik? Egal. Du hast erst Ideen für die ersten paar Folgen und keine Ahnung, wen Du in Folge sieben als Interviewpartner:in einladen sollst? Auch egal. Was viele Podcasthörer:innen nämlich auch mögen ist, in Interaktion mit ihren Lieblingspodcaster:innen zu kommen. Frag Deine Hörer:innen doch einfach, was sie interessiert. Frag sie und Deine ersten Gäst:innen nach einer Empfehlung für weitere Gesprächspartner:innen.

Dein Weg als Podcaster:in beginnt *hier*

Wenn Du mit Spaß und Kreativität einen (weiteren) Kommunikationskanal zu Deinen Fans, Kund:innen oder Leser:innen, die Du vielleicht schon hast, aufbauen möchtest und eine – vielleicht ganz neue – Kommunikationsbasis schaffen möchtest, dann freue ich mich, Dich auf Deinen ersten Schritten in die Podcastwelt auf der anderen Seite des Mikrofons begleiten zu dürfen.

Was ist ein Podcast – und was ist er nicht?

Das Wort »Podcast« kommt von »iPod« und »Broadcast« und ist tatsächlich eine Erfindung von *Apple*. Anfang der Zweitausenderjahre wurden die Podcastfolgen, wenn es neue gab, auf den eigenen Rechner heruntergeladen und per Kabel auf einen eigenen MP3-Player übertragen. Einige tun das auch heute noch, zum Beispiel für den Sport, wenn sie statt des doch meist recht großen Smartphones lieber einen kleinen MP3-Player mitnehmen. Der überwiegende Teil aller Podcasthörer:innen hört Podcasts allerdings laut Studien tatsächlich auf dem Smartphone.

APROPOS STUDIEN: Eine sehr bekannte und viel zitierte Studie ist die »Spot-On Podcast Studie« von 2017/2018. Den Link findest Du am Ende des Buches.

. . .

Ein Podcast ist ein Audioformat, das im Internet verfügbar ist. Ein Podcast besteht aus einer Anzahl von »Folgen«, auch »Episoden« genannt.

Zu einem Podcast gehören folgende essentielle Bestandteile:

- die eigentliche Audiodatei (meist .mp3)
- der RSS-Feed, der die Brücke zu den Hörer:innen darstellt
- die Shownotes, also Zusatzinformationen, die das reine Audioformat ergänzen und z. B. Links für die Hörer:innenschaft mit einem Klick oder Touch erreichbar machen
- Kapitelmarken, die es den Hörer:innen leicht macht, längere Folgen zu durchsuchen, Inhalte zu teilen und z. B. in Aufsätzen oder Artikeln darauf zu referenzieren
- einige Metadaten, also Zusatzinformationen zum Podcast, wie beispielsweise das Jahr der Veröffentlichung oder auch, unter welcher Lizenz die Inhalte veröffentlicht wurden (üblicherweise eine Creative-Commons-Lizenz)

Was ist ein Podcast NICHT?

Was für mich und auch viele Menschen aus der Podcaster:innen-Community nicht zu Podcasts zählt, sind Formate, die hinter verschlossenen Türen stattfinden. Für einen echten Podcast ist es essentiell, dass dieser frei im Netz für alle Menschen verfügbar ist. Wenn ein Format ausschließlich auf einer Plattform verfügbar ist, für die man mindestens ein eigenes Login braucht oder sogar ein kostenpflichtiges Abo abschließen muss, um die Inhalte hören zu können, sind die angebotenen Formate nicht frei im Netz und damit auch kein Podcast. Sie sind zwar Audioformate im Netz, aber für eine sehr eingeschränkte Zielgruppe; nämlich jene, die einen Account für diese eine Plattform haben.

Manche Menschen reichen ihre an sich frei verfügbaren Podcasts zusätzlich auch bei solch »eingezäunten« Plattformen wie *TuneIn*, *Stit-*

cher, Spotify oder *Deezer* ein, um auch die Menschen zu erreichen, die dort einen Account haben.

Auch ich hatte meine Podcasts einmal bei *Spotify, TuneIn* und *Stitcher* eingereicht und damit innerhalb ihres Angebots listen lassen, habe die Einreichungen aber zurückgezogen, weil ich diese Geschäftsmodelle nicht weiter unterstützen möchte. Warum sollen diese Unternehmen denn mit kostenfrei verfügbaren Inhalten Geld verdienen? Immerhin zahlen deren Kunden den Unternehmen Geld dafür, dass sie meine kostenfreien Inhalte über deren Plattform hören dürfen. Bei mir und anderen Menschen, die ihre Podcastfeeds bei solchen Unternehmen einreichen, kommt dafür übrigens kein Geld an. Dazu müsste man einen Exklusivvertrag mit einem dieser Unternehmen schließen und der Podcast würde dann ausschließlich bei ihnen hinter dem Login und der Bezahlschranke verfügbar sein. Je mehr Inhalte hinter solchen Bezahlschranken verschwinden, desto leerer wird das freie Netz. Deswegen habe ich mich vor einer ganzen Weile dagegen entschieden und daher gibt es meine – ebenso wie viele anderen Podcasts aus der Podcaster:innen-Community – nur frei im Netz.

Wie kommen die Podcasts zu den Hörer:innen?

Über den RSS-Feed. So wie bei Blogs – die Älteren werden sich erinnern. Blogs sind ebenso freie Formate im Netz und können von jedem Menschen gelesen werden; mit Ausnahme der wenigen ganz privaten Blogs, die beispielsweise nur im Familienkreis oder für Hochzeitsgäst:innen freigeschaltet sind.

DER RSS-FEED IST die Magie hinter dem »System« Podcast. Bei großen Plattformen genauso wie bei freien Podcasts. »RSS« steht für »Rich Site Summary« oder auch umgangssprachlich für »Real Simple Syndication« (»wirklich einfache Verbreitung«). Das ist ein Dateiformat, das Änderungen auf Webseiten wie Newsseiten oder Blogs anzeigt.

Keine Panik, den RSS-Feed musst Du nicht per Hand stricken. Etwas später im Buch zeige ich Dir noch, wie dieser RSS-Feed quasi von alleine entsteht, je nachdem, welches System Du nutzt. Podcasten an sich ist auch viel einfacher, als es beim ersten Lesen der geballten Informationen vielleicht klingt. Ja, etwas Technik ist nötig, aber spätestens, wenn Du ins Tun kommst, werden aus den sperrigen Begriffen einfache Arbeitsabläufe, die Du bald verinnerlicht hast.

Wie bei Blogs wird über den Feed ein neuer Eintrag angezeigt, wenn Du eine neue Podcastfolge veröffentlichst. Die meisten Hörer:innen hören über ihr Smartphone. Dort gibt es sogenannte Podcatcher-Apps. Allen voran die *Apple*-eigene App *Podcasts*. Aber es gibt noch eine Reihe weiterer Apps, mit denen man Podcasts abonnieren kann. Auch auf Android; *AntennaPod* zum Beispiel. Und auch auf fdroid kann man kann man freie Podcatcher Apps finden.

Das *Abonnement* hat nichts mit einem Zeitungsabo zu tun, sondern bedeutet, dass man einen Feed »beobachtet« und benachrichtigt wird, wenn es eine neue Folge gibt. Je nach Einstellung der App wird eine neue Folge sofort heruntergeladen oder erst, wenn man den Download aktiv anstößt.

DER RSS-FEED MACHT ES MÖGLICH, die Zuhörer:innen direkt zu erreichen. Aber noch mehr! Man kann diesen Feed auch bei verschiedenen »Podcast-Katalogen« einreichen. Auch hier hat *Apple* als Erfinder der Podcasts die Nase vorn. *iTunes* ist das größte Podcast-Verzeichnis auf dem Markt. Es gibt aber auch hier noch mehr. Auf diese Kataloge greifen Podcatcher-Apps zu und Menschen müssen sich nicht mühsam die Feeds verschiedener Podcasts im Netz zusammensuchen, sondern bekommen die Podcasts direkt in die Podcatcher-App geliefert und müssen nur noch anklicken, dass sie diesen Podcast abonnieren, also kommende Folgen hören wollen.

Darüber hinaus ist es in allen Podcatcher-Apps auch möglich, einen Feed per Hand hinzuzufügen. Das kann nützlich sein, falls ein Podcast in dem Katalog, auf den die Podcatcher-App des:r Hörer:in zugreift, nicht verfügbar ist. Und manche Podcastfeeds sind auch tatsächlich nicht öffentlich gelistet wie beispielsweise Podcasts für Patreon-Supporter:innen oder ähnliche, diese kann man so ebenfalls innerhalb der gewohnten Podcatcher-App hören.

RSS-Feeds sind also das Herzstück dessen, wie Podcasts technisch funktionieren. Ein echter Podcast hat also immer einen RSS-Feed.

Podcast-Arten

Vielleicht hörst Du selbst schon einige Podcasts und kennst die folgenden Podcast-Arten bereits. Vielleicht fragst Du Dich bei manchen auch: Was, das geht? Und ja, Podcasts sind so vielfältig wie die Menschen, die sie produzieren.

Ein sehr verbreitetes Format ist der sogenannte »Laberpodcast«. Menschen unterhalten sich. Oft stundenlang. Und ja, diese Formate haben durchaus eine große Hörer:innenschaft. Wir erinnern uns: Es geht um's Dabeisein. Menschen haben gern das Gefühl, bei einem Gespräch dabei zu sein und zuzuhören. Einige Laberpodcasts finden auch als Livesendungen mit einem parallelen Chat statt. Die Hörer:innen können sich dadurch aktiv über einen Chat untereinander und mit den Podcastenden unterhalten, interagieren und kommentieren. Hier kann eine große Dynamik entstehen, wenn Hörer:innen live Fragen in den Chat schreiben, die Podcastenden direkt gesprochen darauf antworten und sich dann ein Dialog aus geschriebenem und vorgelesenen Fragen und frei gesprochenen Antworten entwickelt.

»Themenpodcasts« sind ebenfalls sehr beliebt und könnten auch für Dich interessant sein, wenn Du Dir noch nicht sicher bist, wohin Deine Podcastreise gehen soll. Wie der Name schon sagt, geht es um ein bestimmtes Thema, das sich durch alle Folgen zieht. Dabei kann das Format der einzelnen Folgen durchaus auch wechseln – von Interviews mit Expert:innen über Laberfolgen mit Kolleg:innen über Solofolgen mit Tipps und Tricks, Aufnahmen von Podiumsdiskussionen bei entsprechenden Veranstaltungen etc. pp.

»Personality-Podcasts« drehen sich um eine Person. Das ist dann was für die »Rampensäue«. Beispielsweise der Podcast von Autor Cory Doctorow ist eine Mischung aus ganzen seiner Novellen, die er selbst vorliest, abwechselnd mit Aufnahmen von Talkshows und Interviews, bei denen er zu Gast war, Ankündigungen seiner Tourdaten etc.

»Interviewpodcasts« – der Name ist auch hier Programm. Interviews mit Menschen entweder zu weiten Teilen aus einem Bereich oder grob zu einem Thema. Es ist quasi ein auf ein Format verringerter Themenpodcast. Es gibt beispielsweise den *The Creative Penn Podcast* von Joanna Penn, die jede Woche ein Interview mit jemandem aus dem Literaturbetrieb, konkreter, aus der Selfpublishing-Sparte, veröffentlicht. Nicht nur mit Autor:innen, sondern auch mit Menschen, die mittlerweile ganze Firmen und Geschäftsmodelle rund um's Veröffentlichen von Büchern aufgebaut haben.

»Fictionpodcasts« gibt's ebenfalls. Menschen lesen fiktionale Geschichten vor oder führen Hörspiele auf wie beispielsweise in der *Geschichtenkapsel*. Wenn Du Autor:in bist, wäre das vielleicht ein interessantes Format für Dich? Es gibt auch Autor:innenpodcasts, wo sie immer mal wieder eine oder mehrere Folgen lang kürzere Werke von sich vorlesen, wie der oben genannte Podcast von Cory Doctorow, bei dem allerdings nur ein Teil seiner Folgen »Fiction« sind. Fictionpodcasts können also auch Teil von Themen- oder Personalitypodcasts sein.

. . .

Es gibt Podcasts, in denen konkret während der Aufnahme etwas getan wird, wie Wolle gesponnen, etwas gebastelt oder repariert, gekocht etc. und nebenbei wird erklärt, was getan wird, was dabei leicht geht und was nicht so. Ganz nebenbei werden Wartezeiten mit interessanten Informationen zur Geschichte dieser Färbemethode etc. gefüllt. Dabei wird dann auch – meist ganz ausführlich – über z. B. Wolle ge*nerd*et (sehr tief und begeistert gefachsimpelt). Ja, auch das geht und findet Hörer:innen. Viele sogar. Ein Beispiel ist mein kleiner Podcast *Desperate Househackers*, bei dem es um alles geht, was man selbst machen kann, und der *Hobbykoch Podcast* oder *Zeitspeise*, ein Podcast über historische Gerichte, begeistern extrem große Zuhörer:innenschaften.

Es gibt auch »Wissenschaftspodcasts«, deren Community sich unter wisspod.de zusammenfindet. Mit der »ganzOhr« gibt es in diesem Bereich auch eine jährliche Konferenz.

Und dann sind da noch »Unternehmenspodcasts«, »Coachingpodcasts«, journalistische Podcastformate, öffentlich-rechtliche sowie »Bildungspodcasts« und sicher noch eine ganze Menge mehr, die ich jetzt nicht genannt habe.

Du siehst, die Bandbreite ist groß. Und das ist auch das, was das Podcastland so interessant und abwechslungsreich macht: Kein Podcast gleicht dem anderen. Und das ist auch gut so.

Dein Podcast, Deine Regeln, Deine Kreativität.

2

BRENNENDE VORAB-FRAGEN

»Dein Thema« ist schon vergeben?

»Aber es gibt schon einen Podcast zu Radieschenzüchten im Dunkeln!« Was auch immer Deine Idee ist, es ist nicht unwahrscheinlich, dass es in dem Bereich bereits einen oder mehrere Podcasts gibt. Das macht aber nichts. Niemand kann Dein Format so umsetzen wie Du. Und wie vorher gesagt, geht es immer auch um die Personen hinter dem Mikro. Menschen hören Dir zu, weil sie *Dir* zuhören wollen. Recherchiere, was es an Podcasts in Deinem Bereich vielleicht bereits gibt und hör Dir ein paar Folgen an, wie die anderen es machen. Ich bin mir sicher, Du wirst drauf kommen, dass es alle ein bisschen anders machen als Du es umsetzen würdest, richtig?

Falls Du gerade den dreihundertsiebenundfünfzigsten Coachingpodcast zur Selbstfindung vorhattest, überleg Dir allerdings, ob Du Dich der Konkurrenz in einer dermaßen überlaufenen »Nische« wirklich aussetzen möchtest. Eine Möglichkeit wäre hier, eine neue Perspektive auf das Thema zu suchen. Schau, ob selbst in einer sehr vollen Nische vielleicht noch ein Blickwinkel oder eine andere Herangehensweise fehlt und was Deine Idee von dem abhebt, was es bereits gibt. Konzentriere Dich auf das, was vielleicht noch fehlt.

Wer soll Dir schon zuhören?

Du kannst Dir grad nicht vorstellen, dass Dein Thema, Deine Stimme, Du selbst irgendjemanden so begeistern kannst, dass diese Person Dir förmlich an den Lippen klebt. Du denkst, Deine Ideen sind es nicht wert, dass jemand Dir dabei zuhört, wie Du sie diskutierst? Nun, es mag sein, dass Du eine echt karge Nische füllst und weil es ein echtes Randthema ist, wofür Du brennst. Es kann auch sein, dass Du einen krassen Akzent oder einen argen Dialekt hast.

Es gibt den *Delasaster Cast*, einen Bastel- und Literaturpodcast von einer Frau, die derart sächselt, dass es einem die Ohren kräuselt. Und sie hat hunderte Zuhörer:innen pro Folge. Einfach, weil sie authentisch ist in dem, wie sie rüberkommt.

Wenn Du etwas zu sagen hast, wirst Du auch Deine Zuhörer:innenschaft finden. Und wenn sie klein ist, ist das völlig okay. Es geht nicht um Millionen an Followern. Es geht um Vertrauen und den Aufbau einer echten Community. Und das kannst Du schaffen, wenn Du einfach Du selbst bist.

Du selbst zu sein bedeutet übrigens nicht, dass Du Dein gesamtes Privatleben ausplaudern musst. Auch nicht die Namen Deiner Kinder, oder welche Schulnoten sie gerade in welchen Fächern nach Hause bringen, welches die Namen Deiner Haustiere sind und in welcher Straße Du wohnst. Ganz im Gegenteil, sei vorsichtig, nicht Dein gesamtes Privatleben offenzulegen. Das kann auch Tür und Tor öffnen für Menschen, die es nicht gut meinen und Dich vielleicht abzocken wollen. Achte auch auf die Persönlichkeitsrechte anderer Menschen, die Du in Deinem Podcast nennst oder einlädst. Dazu gehört auch, dass Du vorher um Erlaubnis bittest, über Personen zu sprechen oder Ausschnitte mit ihnen einzuspielen.

Du selbst sein bedeutet, dass Du auch durchaus Deine Einstellung und Deine Meinung zu bestimmten Themen äußern kannst, sofern du niemanden beleidigst, zu Straftaten aufrufst oder sonstwie den Unmut der Ordnungshüter auf dich ziehst. Schließlich willst du ja keinen Podcast beginnen, um ihn gleich wieder einzustampfen. Du kannst vielleicht davon erzählen, wie Dir damals der Arsch auf Grundeis ging, als Du das erste Mal mit dem Schlitten den echt steilen Berg runtergefahren bist und andere sehr persönliche Geschichten. Sei Du selbst, aber verrate nicht alle Details.

Du magst Deine Stimme nicht. Was tun?

Irritation, wenn man die eigene Stimme hört, ist völlig normal. Das liegt daran, dass wir uns selbst immer anders hören, als andere das tun, weil wir uns quasi »von innen« hören, mit vollem Körperklang und so.

SPOILER: Menschen von außen hören Dich schon immer so wie in der Aufnahme.

WENN DU EINEN Podcast startest und Deinen Freund:innen, Deinen Kolleg:innen und Deiner Familie davon erzählst, werden sie keinen Unterschied hören zu dem, wie sie Dich sonst wahrnehmen. Vielleicht werden sie Dir sagen, dass Du ein bisschen aufgeregt klingst. Das hört man nämlich raus.

Man hört auch, ob Du etwas ehrlich meinst und hinter dem stehst, was Du sagst, oder nicht. Stimme verrät sehr viel über den:die Sprechende:n.

. . .

Atmen

Was Dir helfen kann wenn Du aufgeregt bist, ist Deine Atmung. Atme ein paarmal ganz bewusst langsam und tief in den Bauch – ein und aus – und roll die Schultern zurück. Du kannst dabei auch Deine Augen schließen. Das ist übrigens auch ein guter Tipp bei Lampenfieber. Wenn Du merkst, dass Du in Schnappatmung verfällst, Deine Stimme immer höher wird und Du nur noch bis knapp nach der Kehle einatmest, mach Dir bewusst, dass Du Dich selbst überlisten kannst und durch tiefes, entspanntes Atmen der Stress-Situation entgegenwirken kannst.

Ich kann Dir versichern, bisher hat sich jede:r daran gewöhnt, die eigene Stimme zu hören. Manche mögen ihre Stimme mittlerweile sogar richtig. Das klingt vielleicht noch Jahrzehnte entfernt, es wird aber voraussichtlich viel schneller gehen als Du denkst. In ein paar Tagen oder Wochen hast Du vermutlich bereits völlig vergessen, dass es jemals ein Problem war. Einatmen … Ausatmen … Einatmen … Ausatmen … Ein…

Stimmübungen

Es gibt eine ganze Reihe an Stimmübungen. Viele schwören darauf, vor längerem Sprechen die Stimme aufzuwärmen und die Idee ist auch sehr gut. Ich muss zugeben, wenn ich podcaste, wärme ich meine Stimme üblicherweise nicht auf, wenn ich Hörbücher einspreche allerdings schon. Such gern einmal im Internet nach passenden Übungen, da wirst Du mit Sicherheit fündig.

Übung 1) Strecken und Gähnen für die Stimme: Ja, das gilt als Stimmübung. Am besten dabei aufstehen und mit den Armen ganz weit nach oben strecken. Als würdest Du Mirabellen pflücken wollen. Und jetzt noch einen Zweig weiter oben. Ja …. Noch ein bisschen … Fast! … Jawoll! Das Gähnen kann dabei schon automatisch passieren. Ansonsten ganz tief in den Bauch einatmen. Und wieder aus. Nochmal ganz tief in den Bauch einatmen … Und wieder aus. Mach eine Plauze, das sieht grad ohnehin niemand.

Jetzt die Mirabellen »genießen«. Mach »mmmmmmmmmmmmmmmmmmmmmm«. Mit Stimme. Mach weiter »mmmmmmmmmmmmmm« und atme auch weiter tief in den Bauch. Sieh Dich auf der Wiese neben dem Baum liegen und genießen. »Mmmmmmmmmmmmmmmm«.

ÜBUNG 2) P-T-K-F-S-SCH für die Aussprache: Die Klassiker unter den Lauten, die gerne mal Störgeräusche machen. Genau für die gibt es den Poppschutz. Im Alltag sprechen wir die Laute üblicherweise nur mit den Lippen, der Zunge und den Zähnen. Probier es mal aus. Was machen Deine Lippen, wenn Du ein »P« ohne »e« dahinter machst? Nur der reine, stimmlose Plosivlaut. Und jetzt versuch mal, dem »P« ein bisschen mehr Wumms zu geben, indem Du Dein Zwerchfell einsetzt. Ja, das geht. Leg Deine Hand auf den Oberbauch und spann das Zwerchfell an. Loslassen. Anspannen. Nochmal loslassen. Okay, und jetzt »mit Schwung«, als würdest Du die oben gepflückten Mirabellen aus einem Küchentuch nach oben katapultieren wollen. Okay, kriegst Du langsam ein Gefühl dafür? Und jetzt mit den Lippen das »P« machen. Mit ein bisschen Übung kannst Du damit eine Kerze aus»schießen«. Dasselbe geht auch mit »T«, »K«, »F«, »S« und »Sch«. Und mit allen sechs am Stück. Und immer schneller werdend.

ÜBUNG 3) Mit dem Finger (oder einem Stift oder Korken) zwischen den Zähnen sprechen: Das trainiert die Aussprache enorm und war eine meiner Lieblingsübungen bei der Sprecherausbildung. Sag die Begrüßung, die Du Dir vorgenommen hast, mal mit einem Korken, einem dicken Stift quer oder Deinem Zeigefinger zwischen den Zähnen. Wenn Du zu Fasching mal als Pirat gegangen bist, kennst Du das noch vom

Spielzeugmesser. Das nehmen wir dafür nicht, aber Deine (gewaschenen) Finger hast Du immer dabei. Also: Den Zeigefinger anwinkeln und den gekrümmten Finger zwischen die Zähne stecken. Der Handrücken zeigt dabei in Deine Richtung. Jetzt sprechen. Ja, das Sabbern gehört dazu, das wird mit etwas Übung besser.

Wenn Du Wörter hast, die Du gerade ein paarmal nicht »rausbekommen« hast ohne zu stolpern, ist das auch eine gute Möglichkeit, das Wort zu üben. Und ja, manchmal sind das ganz normale Wörter, die aber gerade an dem Tag nicht wollen. Das passiert.

Nimm den Finger oder den Stift aus dem Mund und sag den Satz nochmal. Klingt gleich viel klarer, oder? Und das schwierige Wort hat sich nach der Übung auch ergeben, richtig?

Der »leere Raum«, in den ich spreche, macht mich unsicher.

Glaub mir, damit bist Du nicht alleine. Es fühlt sich sehr merkwürdig an, in den leeren Raum zu imaginären Zuhörer:innen zu sprechen. Und gerade wenn Du am Anfang stehst und noch nicht weißt, wer Dir alles zuhören wird, ist Deine Zuhörer:innenschaft vielleicht eher eine indifferente Masse, statt Menschen mit Namen und Gesichtern.

Was in so einem Fall hilft ist, Dir ein Foto mit Menschen aus Deiner Zielgruppe auszudrucken und vor Dich hinzustellen. So erzählst Du alles den Menschen auf dem Foto. Andere behelfen sich mit einem oder auch mehreren Kuscheltieren. Falls Dein Haustier stillsitzt oder ohnehin die meiste Zeit schläft, kannst Du die Folge auch ihm erzählen. Such Dir Deine lokale Zuhörer:innenschaft, und wenn es ein Volleyball mit aufgemaltem Gesicht ist – das hat schon für Tom Hanks in *Cast Away* funktioniert.

Wieviel Zeit kostet ein Podcast?

Die Antwort ist: Es kommt darauf an.

Zeit brauchst Du – je nachdem, was Dein Format ausmacht – für die

Planung der Folge, Notizen machen, Gesprächspartner:innen kontaktieren und Termine ausmachen, Podcastgäst:innen eventuell die Technik erklären, Speakers' Agreements unterschreiben lassen, die Aufnahme selbst, Schnitt, Nachbearbeitung, Shownotes (Sendungsnotizen, teils mit Bildern und fast immer mit weiterführenden Links) schreiben, Links und Quellen bzw. Referenzen raussuchen, Fotos machen und aufbereiten, Gesprächspartner:innen noch einmal testhören lassen, danach eventuell noch einmal nachbearbeiten, falls diese mit etwas nicht einverstanden sind, alles hochladen, veröffentlichen, Posts auf Social Media und Hinweis auf die neue Folge im Newsletter und was bei Dir spezifisch eventuell noch dazukommt.

Grob kannst Du rechnen: die dreifache Zeit von dem, wie lang so eine Folge im fertigen Zustand ist. Am Anfang eher länger, bis Du Dich in die Programme und Prozesse eingearbeitet hast. Und da ist noch kein Transkript eingerechnet.

Solltest Du ein Trankskript, also eine wörtliche Abschrift des Gesprächs, Deiner Episoden anfertigen wollen, rechne dafür noch einmal locker die drei- bis vierfache Episodenlänge obendrauf. Und es spielt kaum eine Rolle, ob Du das Transkript automatisiert durch eine Software oder einen Service anfertigen lässt (ACHTUNG: Dazu brauchst Du ein Speakers' Agreement, falls das Transkribieren vor der Veröffentlichung der Folge passiert!) oder das Transkript komplett per Hand machst. Eine softwarebasierte Transkription ist kein fertiger Text, den Du einfach kopieren und in die Shownotes einfügen kannst. Es ist nur eine Textgrundlage, die Du noch einmal überarbeiten musst. Je nach Sprecher:innen kann die Software die gesprochenen Wörter besser oder schlechter erkennen und über eine Länge von einer Stunde kann schon eine beträchtliche Textmenge zusammenkommen.

Kurzum: So eine Podcastproduktion kann in Arbeit und auch zeitlich ausarten. Überlege Dir gut, wieviel Zeit Du investieren kannst und magst und sag nicht aus anfänglicher Begeisterung jede Woche eine dreistündige Sendung zu, die nach zwei Wochen zu einer Belastung Deiner persönlichen Beziehung(en) wird, weil Du nicht mehr vom Rechner wegkommst.

Wieviel Geld musst Du investieren?

Wieviel kostet es, sich ein Podcastequipment anzuschaffen? Und was sind die laufenden Kosten eines Podcasts? Die Antwort: Das kommt drauf an.

Im Kapitel zu Technik und Hardware gehe ich noch genauer auf die verschiedenen Möglichkeiten ein. Von € 0,- bis nach oben offen ist alles möglich.

Aber vorweg: Du musst keine Unsummen ausgeben, um einen Podcast zu starten. Du kannst auch über Monate oder Jahre einen Podcast ausschließlich mit Deinem Smartphone aufnehmen, den Schnitt mit gratis Open-Source-Software erledigen, die Nachbearbeitung im gratis Stundenkontingent von *Auphonic* machen (dazu mehr im Kapitel zu Software) und alles über Dein eigenes *Wordpress* veröffentlichen, das Du vielleicht ohnehin für Deine Webseite oder Deinen Blog bereits benutzt. In dem Fall wäre das Investment: € 0,-, sofern Dein Hostingvertrag ausreichend Speicherplatz und »Traffic«, also Zugriffs- und Downloadzahlen, inkludiert und kein Gratisblog bei *wordpress.com* ist.

Du kannst Geld in Technik investieren. Zwischen € 100,- und € 300,- kannst Du bereits sehr gutes Equipment kaufen und ab monatlich € 12,- (Preis im Herbst 2021) kannst Du Dir auch ein Podcasthosting mieten, falls Du nicht über Deine eigene Webseite veröffentlichen möchtest oder der Speicherplatz zu klein bzw. der Traffic zu groß wird. Nach oben ist natürlich keine Grenze gesetzt. Ein Szenario mit € 300,- für den Einstieg plus monatliche Hostingkosten ist durchaus realistisch und lohnt sich für ambitionierte Hobby-Podcaster:innen und natürlich alle, die das Podcasten beruflich als Kommunikationskanal aufbauen.

Musst Du ein Jurastudium absolvieren, um einen Podcast produzieren zu dürfen?

Urheberrecht, Persönlichkeitsrecht, Impressumspflicht, Datenschutz … Da kommt einiges zusammen. Es ist aber nur halb so wild, wie es aussieht. Denn grundsätzlich gilt dasselbe wie bei jedem anderen Kanal, jeder Webseite und jedem Blog, den Du betreibst: Du bist ein:e Anbieter:in von Content im Internet.

Ich bin keine Juristin und dieses Buch beinhaltet keine juristische Beratung. Von daher kann ich Dir nur empfehlen, Dich entweder selbst einzulesen oder bei Menschen nachzufragen, die sich auskennen. Insbesondere auch deswegen, weil sich die Rechtslagen in den einzelnen Ländern auch noch unterscheiden können. Ich kenne mich nur im Bereich Datenschutz aus und dazu mehr im nächsten Kapitel.

Impressum

Meiner Einschätzung nach wirst Du auf der Webseite zu Deinem Podcast ein Impressum brauchen, wenn Dein Podcast nicht ausschließlich privat über einen geheimen Feed und garantiert ohne auch nur einen einzigen Affiliate-Link oder die Nennung eine Wunschliste veröffentlicht wird. Es ist ein bisschen komplizierter, aber die verkürzte Fassung, die mir von mehreren Seiten gesagt wurde: berufliche oder nicht ausschließlich private Veröffentlichung und/oder Gewinnerzielungsabsicht = Impressumspflicht. Ein Affiliate-Link oder eine Wunschliste kann unter Umständen bereits als Gewinnerzielungsabsicht aufgefasst werden.

Urheberrecht und Gema / AKM austro mechana / etc.

Denk dran, nicht einfach Musik in Deinem Podcast zu spielen. Es sollte entweder lizenzfreie Musik oder Creative Commons mit Erlaubnis gewerblicher Nutzung sein oder Du solltest die Lizenzen dafür einholen. Alles andere kann teuer werden.

Achte vor allem auch auf Hintergrundmusik in einem Café, in dem

Du ein Podcastinterview führen möchtest. Es wurde zwar schon mehrfach argumentiert, dass das ja nur der Beifang ist und der eigentliche Inhalt das aufgenommene Gespräch, aber Vorsicht ist besser als Abmahnung.

Ich rate Dir, Dich von fachkundigen Menschen noch einmal beraten zu lassen. Falls Du Deine eigene Musik spielen möchtest, die Nutzungsrechte aber an ein Label verkauft hast, lies Dir die Verträge besser noch einmal durch. Es kann gut sein, dass Du die Musik selbst nicht mehr für eigene Zwecke nutzen darfst. Du solltest in jedem Fall über die Rechte verfügen, die Musik im Podcast auch spielen zu dürfen.

Persönlichkeitsrechte

Menschen haben ein Recht darauf, selbst zu bestimmen, wie das Bild von ihnen, das die Öffentlichkeit erreicht, aussieht. Soll heißen: Auch in Deinem Podcast darfst Du nicht einfach Lügen und Unwahrheiten über andere verbreiten, wild über andere schimpfen und Menschen verunglimpfen. Abgesehen von den rechtlichen Dimensionen und einer möglichen Anzeige, die den Betroffenen jederzeit zusteht, ist es auch einfach nicht nett. Tu am besten einfach nichts, was Du nicht auch wolltest, was andere Leute mit Dir tun würden.

3

DATENSCHUTZ FÜR PODCASTER:INNEN

Die Inhalte dieses Kapitels gibt es noch ausführlicher in der Folge »Datenschutz für Podcaster:innen« im Datenschutz Podcast. *Wenn Du einen Podcast starten möchtest, empfehle ich Dir das Hören dieser Episode. Link: https://www.datenschutz-podcast.net/podcast/datenschutz-fuer-podcasterinnen/*

STIMME IST EIN BIOMETRISCHES MERKMAL, so, wie Dein Fingerabdruck oder Deine Iris. Das bedeutet, dass wir alle anhand unserer Stimme identifizierbar sind, wie bei einem Fingerabdruck. Allerdings verrät unsere Stimme viel mehr als ein Fingerabdruck, nämlich auch, ob wir krank oder gesund sind, in welcher Stimmung wir uns befinden und noch viel mehr. Deine Stimme fällt rechtlich damit unter die sensiblen Daten; in DSGVO-Sprech: »besondere Kategorien personenbezogener Daten«. Denk daran, wenn Du auf den Aufnahmeknopf drückst.

Bei Diskussionen auf Social Media wurde mehrfach eingewandt, dass bei Bildern gilt, dass diese nur »biometrisch« sind, wenn sie durch besondere Verfahren technisch verarbeitet werden. Ja, das steht so in der DSGVO (EU Datenschutz-Grundverordnung). Ist aber technisch nicht korrekt und auch nur die rechtliche Krücke für Videoüberwachung im öffentlichen Raum. Technisch kann man sehr detaillierte Gesichtserkennung auf Alter, Geschlecht, Emotion etc. auch mit einem 30-Euro-Minicomputer mit angeschlossener 10-Euro-Kamera machen. Wenn eine Datenbank mit Bildern von Menschen dranhängt, kann man auch abfragen, mit welchem Bild eine Übereinstimmung vorliegt, also welche Person das vor der Kamera oder auf dem Bild wohl gerade ist. Völlig egal, ob das nun ein »biometrisches« Passfoto ist, das Livebild an der Supermarktkasse oder ein Schnappschuss von der letzten Party.

Für die Stimme gibt es seit Juli 2021 eine juristische Ausnahme-Krücke. Allerdings nicht in einem Gesetz, sondern in einer Richtlinie des European Data Protection Board zu Voice-Assistenten[1], die einen ganzen Teil zu Stimme behandelt und interpretiert werden kann, dass Stimme nur dann als biometrisch gilt, wenn sie zur Identifizierung genutzt wird. Aber ausjudiziert ist hier noch nichts und somit würde ich auch nach wie vor Stimme als biometrisches Merkmal behandeln.

Was Deine eigene Stimme angeht, kannst Du natürlich damit machen, was Du willst. Du kannst ja auch Nacktbilder oder medizinische Daten von Dir selbst ins Netz stellen, das steht Dir jederzeit frei. (Wie sinnvoll das ist, lasse ich an dieser Stelle mal dahingestellt.)

Wenn Du podcastest, hast Du es allerdings nicht immer nur mit Deiner eigenen Stimme zu tun. Wenn Du mit anderen Menschen sprichst, hast Du auch deren Stimme in der Aufnahme. Und manchmal sogar mehr als nur die.

Wenn Du Deinen Podcast als Teil Deiner beruflichen Tätigkeit produzierst, denk dran, dass Du dann die Vorgaben der DSGVO erfüllen musst. Für rein private Podcasts werden die Regeln meist etwas lascher gesehen, aber es schadet überhaupt nicht, Dich auch privat damit auseinander zu setzen. Vielleicht wird Dein Podcast ja später Teil Deines beruflichen Werdegangs werden.

Podcasten mit Gäst:innen

Wenn Du Gäst:innen einlädst, kläre sie vorab darüber auf, was mit ihren Stimmdaten passieren wird. Lädst Du die Aufnahme – und damit auch ihre sensiblen Daten – in die Hersteller-Cloud Deines Telefons? Oder auf *Dropbox*? Das ist ein Export sensibler personenbezogener Daten in ein Drittland, da diese Unternehmen US-Unternehmen sind. Trägst Du ihre Namen und Telefonnummer in einen *Google Kalender* ein? Auch hier handelt es sich um einen Datenexport in die USA. Du podcastest mit *Anchor*? Lies Dir die AGB durch, ob Du das auch wirklich möchtest.

DIE FAUSTREGEL für Datenexport in Drittländer lautet:

Dein eigenes Wohn-Land -> yay!
EU -> okay!
non-EU -> doof
USA -> richtig doof

ÜBERLEGE, welche Software und Cloud-Lösungen Du verwendest und wozu. Lies Dir die AGB und Datenschutzerklärungen sorgfältig durch, ob diese DSGVO-konform arbeiten. Und überlege Dir auch, ob Du ihnen sensible personenbezogene, nämlich biometrische Daten anderer Menschen anvertrauen willst. Es gibt für alle Schritte gute und rechtssichere Lösungen. Eine ganze Liste davon und weitere Infos findest Du im Kapitel über Software.

In jedem Fall benötigst Du die ausdrückliche Einwilligung Deiner Mitpodcastenden, dass Du ihre Stimmaufnahmen verarbeitest, am Ende veröffentlichst und eventuell bereits vor der Veröffentlichung an Dritte weitergibst.

PRAXISTIPP: Bereite ein Speakers' Agreement vor.

Dein Speakers' Agreement (Textvorschlag)

Hier ist ein Textvorschlag, den Du für Dein Format entsprechend anpassen kannst.

Lass Dir das Speakers' Agreement vor Beginn der Aufzeichnung unterschreiben oder mündlich zu Beginn der Aufnahme bestätigen.

Praxistipp: Nutze das Formular-Plugin der NextCloud und erstelle Dir ein einfaches Formular mit Checkboxen und einem Freitextfeld für den Namen Deiner Gäste:innen. So hast Du das Speakers' Agreement immer parat und kannst es bequem von Deinen Gästen:innen online ausfüllen lassen. Die Antworten kommen dann direkt in Deine eigene NextCloud. Von da kannst Du sie komfortabel abspeichern.

Falls Du regelmässig mit denselben Personen podcastest, reicht es meiner Ansicht nach aus, zu Beginn einmal die Einwilligung einzuholen und nur dann gegebenenfalls. neu bestätigen zu lassen, falls sich Deine Prozesse, Dienstleister (»Auftragsverarbeiter«) oder Softwarelösungen ändern.

Eine mündliche Aufnahme des Speakers' Agreements muss – und sollte auch nicht – mit veröffentlicht werden. Du solltest sie aber gut abspeichern und parat haben, sollte bei Dir mal die Datenschutzbehörde anklopfen. Mach von den Einwilligungen am besten ein separates Backup!

Praxistipp: Bitte bedenke, dass Deine Mitpodcastenden nicht allem zustimmen müssen und die Einwilligung jederzeit widerrufen können!

Textvorschlag für Dein Speakers' Agreement:

XY Podcast

□ Ich bin mit Streaming und Aufzeichnung meiner Stimme im XY Podcast einverstanden.

□ Ich bin damit einverstanden, dass der:die Verantwortliche meine Stimmaufzeichnungen durch einen automatisierten, teilautomatisierten oder persönlichen Transkriptionsservice transkribieren lässt.

□ Die Aufzeichnungen unseres Gesprächs vom __________ [Datum] dürfen von dem:der Verantwortlichen veröffentlicht und zum Download bereitgestellt werden. Auch der Livestream darf öffentlich übertragen werden.

□ Die Aufzeichnungen der Podcastepisoden dürfen für podcastbezogenes Werbematerial für den XY Podcast verwendet werden.

Bitte passe den Textvorschlag an Dein Format, Deine Abläufe, verwendeten Systeme etc. an. Die Software muss nicht namentlich genannt sein, wenn Du allerdings die Stimmdaten vor der Veröffentlichung an US-Unternehmen oder solche in anderen Drittstaaten (also außerhalb der EU) schickst, denk dran, Dir für den Datenexport auch eine Einwilligung zu holen.

Datenschutzerklärung

Du brauchst eine Datenschutzerklärung, in der Du alles ausweist, was bei Dir mit Daten passiert; von den Daten Deiner Webseitenbesucher:innen über jene Deiner Newsletter-Abonnent:innen bis zu den Stimmaufzeichnungen Deiner Mitpodcastenden. Im Falle der Mitpodcastenden kannst Du diese Datenschutzerklärung auch einzeln an Eingeladene beispielsweise vorab per E-Mail aushändigen, für den Fall, dass Du Dich für einen Podcasthostingservice und gegen eine eigene Webseite entscheiden solltest.

Wenn Du noch nie eine Datenschutzerklärung geschrieben hast, empfehle ich Dir die ersten 12 Folgen von *Der Datenschutz Podcast* unter datenschutz-podcast.net, die beschreiben, wie man eine Webseite, ein Business etc. DSGVO-konform aufbaut. Es ist alles viel undramatischer, als es klingt. Ehrlich.

Nicht alles gehört veröffentlicht

Nicht alle Informationen, die Du aufgenommen hast, sind für die Veröffentlichung bestimmt. Gib Deinen Gäst:innen die Möglichkeit, die fertig geschnittene Folge noch einmal vorab zu hören, bevor Du sie veröffentlichst. Es ist ihr gutes Recht zu sagen: »Oh, das hab ich doof formuliert, bitte schneid' das raus«. Oder auch, wenn ein Sachverhalt schlecht oder sehr verkürzt rüberkommt ist es besser, den Teil rauszuschneiden, nochmal neu aufzunehmen oder nachträglich einen Kommentar dazu einzufügen.

Achte außerdem darauf, Deine Podcast-Aufnahmen nicht neben »Smart Speakern« zu machen, da diese auch ohne »Zauberwort« oft genug selbst Tonaufnahmen anfertigen und diese dann zum Hersteller übertragen. Damit meine ich diese »intelligenten« Geräte von *Amazon, Apple, Google* und Co. Eventuell liegen dann Teile des vertraulichen Vorgesprächs bei *Apple, Google, Microsoft* oder *Amazon*, werden dort von Mitarbeiter:innen transkribiert und weiterverarbeitet. Das kann bei einem Datenleck auf deren Seite unschöne Folgen haben, wenn die Trankskripte vertraulicher Gespräche in die Öffentlichkeit gelangen.

Achtung bei Aufnahmen im öffentlichen Raum

Wenn Du im öffentlichen Raum aufnimmst, mach es deutlich, dass Du aufnimmst und Menschen nicht versehentlich in Deinen Aufnahmen landen. Vielleicht erwischst Du bei Deiner Aufnahme die Stimmen von Menschen am Nebentisch oder wer Dir sonst so in die Aufnahme läuft. Hier greift einmal, dass Menschen auch sagen können, sie wollen nicht ihr 13-Uhr-Businessmeeting mit dem Sales-Chef zur neuen Strategie, das sie neben Dir im Restaurant geführt haben, als Hintergrundgeräusch in Deiner Aufnahme haben. Oder Eltern möchten nicht, dass die Aufzeichnung vom plappernden Kleinkind, das grad erzählt, was es letzte Nacht bei den Eltern im Schlafzimmer gesehen hat, in Deinem Podcast veröffentlicht wird.

---

1. EDPB: Guidelines 02/2021 on virtual voice assistants Version 2.0, Adopted on 7 July 2021; https://edpb.europa.eu/system/files/2021-07/edpb_guidelines_202102_on_vva_v2.0_adopted_en.pdf

4

QUICKSTART FÜR DIE UNGEDULDIGEN

1. Nimm Dein Smartphone.
2. Öffne die vorinstallierte Sprachnotizen-App.
3. Nimm auf, was Du zu sagen hast.
4. Lade die Datei bei einem Podcast-Hoster wie *Podigee* hoch oder trimme Dein eigenes *Wordpress* mit dem *Podlove Publisher* Plugin darauf, Deinen Podcast zu veröffentlichen.
5. Gib die Metadaten an.
6. Schreib Shownotes und gib weiterführende Links zu den Inhalten Deiner Folge dazu.
7. Klicke »Veröffentlichen«.
8. Feiere Deine erste Folge!
9. Reiche den automatisch beim Hoster oder in Deinem *Wordpress* generierten Feed bei *iTunes* und anderen Katalogen ein.
10. Wiederhole die Schritte 1 bis 7. Vielleicht auch Schritt 8. ;)

5

SCHRITT 1: DEIN THEMA

Du bist kreativ, Du hast viele Ideen, meistens mehr, als sich in einem einzigen Projekt jemals ausgehen können. Dein Handwerk beherrscht Du mit Links und dann kommt dieses Trendformat »Podcast« daher. Plötzlich müssen »alle« einen Podcast starten und vielleicht hat Dich Dein Verlag oder Label gefragt, ob Du auch schon einen Podcast hast. Und da sind wir nun.

Machen Sie eine typische Hör-Bewegung

Ein Podcast ist ein Hör-Format – wie hört sich Deine Kreativität denn an? Bist Du vielleicht Sänger:in oder Goldschmied:in und es gibt bei Dir tatsächlich Einiges zu hören? Oder bist Du Autor:in und über Tastenklappern und gelegentliches Fluchen geht es an Deinem Schreibtisch nicht hinaus? Was würden Deine Hörer:innen in jedem Fall erwarten? Und kannst und willst Du das auch »liefern«? Oder bist Du noch unsicher, was Deine zukünftige Hörer:innenschaft angeht?

Es gibt (mindestens) zwei Arten, an einen Podcast heranzugehen: Entweder, Du weißt schon genau, was Du machen willst, oder Du näherst Dich dem Thema Podcasten mal vorsichtig von der Seite und sondierst, ob das Format eventuell auch etwas für Dich sein könnte. Dieses erste Kapitel ist für Menschen mit der zweiten Herangehensweise geschrieben.

Falls Du schon ganz genau weißt, worüber Du in Deinem Podcast sprechen möchtest, kannst Du den Rest dieses Kapitels gerne überspringen.

Wofür brennst Du?

Du hast vermutlich schon einige Podcasts gehört und findest die einzelnen Sendungen und Podcaster:innen ganz toll. Und Du hättest so etwas auch gerne selbst. Aber Du kannst Dir grad noch nicht vorstellen, worüber Du zig Minuten pro Folge reden sollst. Oder Du denkst, Du hättest nichts zu sagen?

Ich kann Dich beruhigen. Diese Gedanken kennen viele. Mach Dir erstmal keinen Stress und schreib das Podcasten nicht sofort für Dich ab. Solltest Du zu den Menschen gehören, die bei ihrem Thema noch unsicher sind, habe ich ein paar Übungen für Dich, um Deine Inspiration, Dein Thema zu finden. Wenn Du *Dein* Thema gefunden hast, dann hast Du auch immer etwas zu erzählen.

Die erste Frage, die Du Dir stellen solltest ist: *Wofür brennst Du?*

Einen Podcast über ein halbes Jahr, drei Staffeln, ein Jahr oder auch länger durchzuziehen, kann echt Arbeit werden, auch wenn es meistens wirklich Spaß macht. Aber mach Dir keine Illusionen: Nach ein paar Folgen ist erst einmal die Luft raus. Was ist aus Deinem Blog geworden? Oder Deinem Newsletter? Ja, genau. Und das regelmäßige Produzieren von Podcastfolgen kann genau wie alles andere in Arbeit ausarten. Das Produzieren umfasst alles, vom Konzept über die Aufnahme, Nachbearbeitung, Shownotes erstellen und Veröffentlichen. Deswegen soll Dich Dein Thema immer soviel begeistern, dass Du trotzdem das Mikro zur Hand nimmst und »lieferst«. Immerhin hast Du nach ein paar Folgen sicher schon eine kleine aber feine Zuhörer:innenschaft aufgebaut, die vielleicht schon sehnsüchtig auf Deine nächste Folge wartet.

Dein Thema finden

Falls Du Dein Thema oder dessen »Aufmachung« noch nicht ganz genau benennen kannst, schnapp Dir Zettel und Stift und mach eine Runde »Freischreiben« dazu: Schreib die Frage »Was begeistert mich?« oben auf den Zettel, stell Dir einen Wecker auf 10 Minuten und schreib die volle Zeit, ohne aufzuhören. Wenn Dir nichts einfällt, schreib so lange »Mir fällt nichts ein. Mir fällt nichts ein. Mir fällt nichts …«, bis es Deinem Gehirn zu blöd wird und es wieder mit Gedanken rausrückt, die Du mitschreiben kannst. Sag Deinem inneren Kritiker: Alles ist erlaubt. Alles darf sein. Dein innerer Kritiker hat jetzt Pause und darf nachher wieder mitspielen, wenn es darum geht, die Ideen zu sichten und auf Machbarkeit abzuklopfen. Aber jetzt hat er für den Moment mal frei. Schau, welche Ideen hochkommen. Es werden sicher nicht alle mit Deinem Kernthema zu tun haben und das ist völlig okay. Lass einfach Deine Gedanken fließen.

WENN DER WECKER KLINGELT, mach eine kurze Pause und hol Dir ein Getränk. In meinem Fall ist das an der Stelle ziemlich sicher ein Kaffee. ;)

MACH es Dir mit dem Getränk und Deinen Notizen gemütlich und schau, welche Ideen sich auf dem Papier vor Dir so angesammelt haben. Nimm Dir gern einen Buntstift und kreise alles ein, was ein Thema sein kann.

Themen sortieren

Es sind wahrscheinlich eine ganze Menge Themen zusammengekommen. Manche sind vielleicht mehrfach genannt und sehr artverwandte Dinge könnten gemeinsam zu einem Thema zusammengefasst werden.

Die letzte Runde kannst Du gleich machen oder gern auch noch einmal drüber schlafen. Schau Dir die eingekreisten Themen noch einmal alle genau an. Gerne kannst Du sie auch auf einem extra Blatt sortieren.

Welche davon passen zu Deinem Kreativbusiness, wenn Dein Podcast dieses ergänzen soll? Welche gehören vielleicht zu anderen Interessensgebieten und Hobbies?

Und jetzt die Millionenfrage: Welches davon möchtest Du über Monate oder vielleicht sogar Jahre verfolgen?

Notier Dir alles und schlaf auch noch einmal oder mehrfach drüber. Ich bin sicher, Du weißt nach dem Aufwachen, welches *Dein Thema* ist. Und falls nicht, falls Dich alle davon unglaublich ansprechen und Du Dich nicht entscheiden kannst, mach doch eine Umfrage auf Social Media oder in Deinem Newsletter und frag Deine Kund:innen und Fans, was sie interessiert. Oder mach ene-mene-muh. Schreibe sie auf die Rückseite von Klebezetteln, kleb sie auf eine Dartscheibe und wirf mit Pfeilen darauf. Es sagt ja niemand, dass die Themenwahl nicht auch kreativ stattfinden kann. Wähle ein Thema aus und fang damit an.

Deine Hörer:innen

Wer ist Dein zukünftiges Publikum? Wer ist Deine Zielgruppe? Vielleicht Deine bestehenden Kund:innen und Fans, vielleicht Menschen, die Deine Interessen teilen? Oder soll Dein Format ein bestimmtes Problem Deiner Zielgruppe lösen?

Deine Hörer:innenschaft wird – so wie immer und überall – voraussichtlich sehr divers sein. Überlege Dir trotzdem, wer Dein:e ideale:r Hörer:in ist. Für wen genau produzierst Du regelmäßig Deine Folgen?

Wenn Du Dich für ein Thema entschieden hast, hast Du vermutlich bereits eine Ahnung davon, wer Dir zuhören könnte. Vielleicht läuft die Entscheidung für das Thema auch mit den Überlegungen zur Zielgruppe und zu Deinem:r idealen Hörer:in zusammen, das ist ebenfalls fein!

WIE? EIN:E ideale:r Hörer:in? Aber Du willst doch viele Menschen erreichen!

Einen Podcast nur für *einen* Menschen zu produzieren, klingt erst einmal kontraintuitiv. Als würde man dann wirklich nur einen einzigen Menschen erreichen. Ist aber nicht so, das kann ich Dir versichern. Je klarer Deine Botschaft ist, desto eher erreichst Du tatsächlich *mehr* Menschen. Wenn Du mit Deinem Podcast »eh alle« ansprechen möchtest, erreichst Du am Ende niemanden, weil Deine Botschaft, Dein ganzes Auftreten so wischiwaschi ist, dass es für jeden Menschen da draußen auch nur so wischiwaschi und uninteressant rüberkommt. Wenn Du hingegen Deine Botschaft so klar und zielgerichtet formulierst, dass es Deine:n idealen Hörer:in erreicht, dann erreicht es auch alle Menschen, die so sind wie sie oder er.

FILTERWIRKUNG

Wenn Du gerade kalte Füße bekommst, weil Du Angst hast, mit der Ansprache nur *einer* Person alle anderen auszuschließen, kann ich Dich beruhigen. Ja, Du wirst dadurch Deine Nische verkleinern. Ja, es wird Menschen abhalten. Aber das ist tatsächlich gut!

Dein Podcast – wenn er als Kommunikationskanal für Dein kreatives Business dienen soll – kann ein Filter sein, der Dir die Leute, die mit Dir, Deiner Art und Deiner Ansprache nicht umgehen können, tatsächlich vom Leib halten kann. Dann hast Du vielleicht weniger Hörer:innen, dafür aber die richtigen. Die nämlich, die Deine Bücher kaufen und auch lesen wollen, diejenigen, die Deine Kunstwerke und Fotografien toll finden die, die Deine Musik mögen und Deine Alben kaufen.

DEIN:E ideale:r Hörer:in – stell sie:ihn Dir vor

Die folgende Übung kann Dir helfen, wenn Du noch unsicher bist, für wen Du Deinen Podcast produzierst. Wenn Du das schon genau weißt, kannst Du sie natürlich überspringen. Sie ist nur ein Vorschlag von mir, um mehr Klarheit zu gewinnen.

Nimm Dir ein paar Minuten Zeit, vielleicht auch eine halbe Stunde. Setz Dich hin und überlege, wer da sitzt, in seinem:ihrem Telefon im Podcatcher scrollt und auf Deinen Podcast aufmerksam wird.

TIPP: Die üblichen demographischen Daten wie Geschlecht und Alter sind meist weniger wichtig, als das »Mindset« der Personen. Also, wie die Menschen ticken, was sie mögen und was ihnen leicht- oder auch schwerfällt, womit sie sich gut oder schlecht fühlen.

ALSO LOS: Schließe die Augen und stell Dir die Person und die Szene ganz genau vor. Ist die Person unterwegs im Bus? Sitzt sie im Café? Zu Hause auf dem Sofa? ... Was für einen Beruf hat die Person? Was für ein soziales Umfeld? Lebt sie in der Stadt oder auf dem Land?

Wenn Du ein Bild vor Augen hast, zoom noch etwas näher hinein. Was für Gedanken hat die Person? Welche Hobbies hat sie? Ist sie musikalisch? Malt sie? Schreibt sie vielleicht? Vielleicht fotografiert sie? Ist das vielleicht nicht nur ein Hobby sondern ihr Beruf?

Mach das Bild deutlicher.

Und jetzt frage, welche Probleme diese Person hat. Was sind ihre Sorgen und Nöte? Was könnte in ihrem Leben besser laufen?

. . .

Zoom ganz dicht ran. Höre ihre Gedanken.

Was ist ihr größtes Problem?

Und jetzt noch ein bisschen dichter ran.

Was würde ihr Leben bereichern?

Komm vorsichtig zurück zu Dir und schreib auf, was Du erfahren hast. Notiere vor allem die Sorgen und Nöte, das größte Problem und was ihr Leben bereichern würde.

Und jetzt vergleiche mal, was diese »Persona«, die Du gerade geschaffen hast, was sie braucht und was Du liefern kannst, das einen echten Mehrwert für sie bietet.

Das schärft noch einmal Dein Thema und zeigt Dir die Richtung, in die es gehen kann.

Praxistipp: Egal, wofür Du Dich entscheidest, Du kannst auf dem Weg immer noch nachjustieren und verbessern. Das geht aber nur, wenn Du auch auf dem Weg bist. Wer stillsteht, kann nur kreiseln, nicht aber die Richtung justieren.

Ansprache (Du, Ihr oder Sie)

Je nachdem, wer Deine Zielgruppe ist, wirst Du Deine Hörer:innen mit Du, Ihr oder Sie ansprechen. Ich persönlich finde Podcasts, in denen man als Hörer:in gesiezt wird, sehr irritierend und distanziert. Aber ich bewege mich auch fast ausschließlich in duzenden Gefilden. Wenn es sich für Dich besser anfühlt, Deine Hörer:innen zu siezen, dann ist das natürlich total okay. Dein Podcast, Deine Regeln.

Wenn Du Deine Hörer:innen duzen möchtest, überlege, ob Du sie in der Mehrzahl als Gruppe ansprichst, oder ob Du sie mit »Du« ganz persönlich meinst. In der Podcastwelt ist beides vertreten und ich merke bei mir selbst, dass sich die Ansprache über die Jahre von »ihr« zu »du« gewandelt hat und über Corona, wo alle alleine zu Hause saßen auch wieder zurück, weil ich es schöner fand, den Hörer:innen das Gefühl zu geben, sie wären Teil einer Gruppe und eben nicht allein. Ab und an wechsele ich die Ansprache auch je nach Thema. Das kann passieren, passiert anderen Podcaster:innen auch. Manche sprechen es im Podcast auch offen an, andere nicht. Wichtig ist nur, dass es Dir selbst auffällt. Und dann kann eine bewusste Entscheidung und ein Nachjustieren für alle Folgen ab diesem Zeitpunkt eine gute Idee sein und Klarheit schaffen – letztlich auch für Dich beim Produzieren.

Überlege Dir, wie Du Deine Hörer:innen ansprechen möchtest und notiere es Dir.

CHECKLISTE
DEIN THEMA

Dafür brennst Du:

- ☐ ____________________________
- ☐ ____________________________
- ☐ ____________________________
- ☐ ____________________________
- ☐ ____________________________

Jetzt entscheide Dich für ein Thema, das Inhalt Deines Podcasts werden soll.

- ☐ ________________

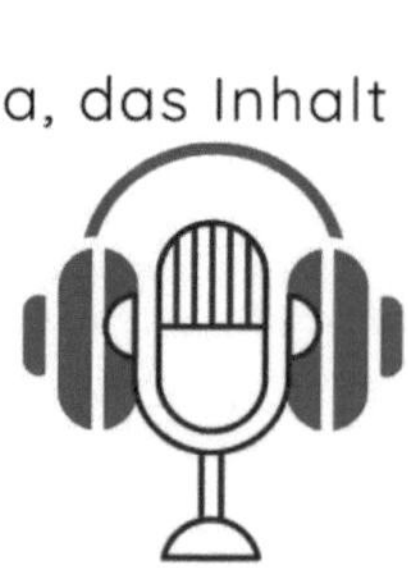

zotzmann-koch.com/book/podcasting

ANNÄHERUNG AN

DEIN:E IDEALE:R HÖRER:IN

Was für ein Typ Mensch hört Dir zu?

- Kaffee oder Tee?
- Drinnen oder draußen?
- Fahrrad, Auto oder Bus?
- Im Café oder zu Hause auf dem Sofa?
- Welche Hobbies hat die Person?
- Wie ist ihr Leben?
- Was sind ihre Sorgen und Nöte?
- Was könnte in ihrem Leben besser laufen?
- Was ist ihr größtes Problem?

Was würde ihr Leben bereichern?

____

____

____

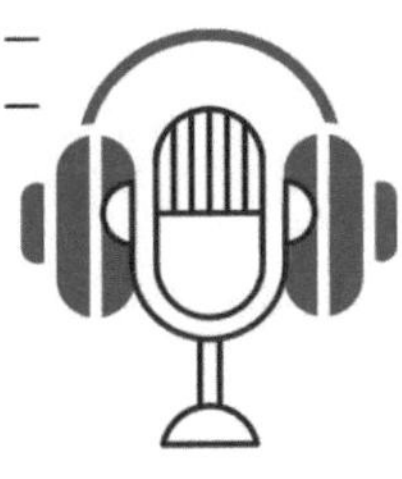

Kannst Du etwas davon in Deinem Podcast liefern?

zotzmann-koch.com/book/podcasting

6

SCHRITT 2: FOLGENAUFBAU

Es gibt viele verschiedene Möglichkeiten, eine Podcastfolge aufzubauen und der Aufbau ist auch direkt abhängig von Deinem Format sowie dem Inhalt, den Du vermitteln möchtest.

Wenn Du bestimmte Inhalte vermitteln möchtest, kann es sinnvoll sein, Dir einen groben Plan zurechtzulegen, wann Du was sagen möchtest.

DEN ANFANG MACHT MEISTENS das Intro oder Soundlogo oder auch einfach die begrüßenden Worte der:s Podcast-Hosts – das bist Du.

In sehr vielen Formaten beginnt danach der inhaltliche Teil. Dieser wird häufig nochmals unterteilt durch thematische Wechsel im Mittelteil.

Inhalte, die häufig im Mittelteil vorkommen:

- Vorlesen von und Eingehen auf Feedback von Hörer:innen
- Themen dieser Folge
- wenn vorhanden häufig gegen Schluss ein Hinweis auf Feedbackmöglichkeiten
- oft in Zusammenhang mit dem Hinweis auf Feedbackmöglichkeiten ggf. Hinweis zur Möglichkeit, das Podcastprojekt (finanziell) zu unterstützen

Den Schluss macht üblicherweise Deine Verabschiedung von den Zuhörer:innen.

Eventuell folgt ein Outro.

Manche schneiden dann noch »Outtakes« dran. Also Versprecher oder einen meandernden Satz, der vielleicht nie zuende …

Mach Dir ein paar Notizen, wie es in den Podcasts, die Du selbst gerne hörst, gemacht wird. Wir Menschen neigen ohnehin von Natur aus zu einer relativ einheitlichen Erzählform und vielleicht ist es Dir bisher nicht aufgefallen, dass Du, wenn Du etwas erzählst, es vermutlich sehr ähnlich machst, wie nahezu alle anderen auch. Du kannst also gar nicht soviel falsch machen. Denk nur ab und zu an Deine Zuhörer:innen und versetz Dich in ihre Lage. Wenn Du Dir zuhören würdest, kannst Du Dir selbst noch folgen?

CHECKLISTE

FOLGENAUFBAU

Deine Begrüßung. Nein, sie muss nicht auf Anhieb perfekt sein! Du musst sie auch gar nicht vorschreiben. Du kannst aber. :)

____

____

____

____

Gibt es Feedback zur letzten Folge, das Du vorlesen oder einspielen möchtest?

____

____

Apropos Feedbackmöglichkeiten! :) Wo sollen Hörer:innen Dir Feedback geben?

- ☐ ________________
- ☐ ________________
- ☐ ________________
- ☐ ________________

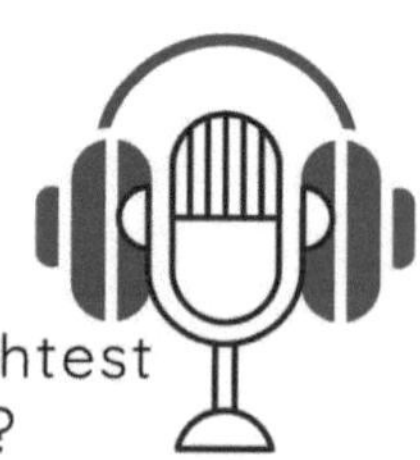

Lustige Versprecher können gute "Outtakes" machen. Vielleicht möchtest Du die auch hinten dranschneiden?

zotzmann-koch.com/book/podcasting

7

SCHRITT 3: DEIN FORMAT

Die erste Grundsatzentscheidung, die Du treffen solltest ist zusammen mit einer weiteren, die im nächsten Kapitel folgt, maßgeblich dafür, wie und mit welchem Equipment Du Deine Reise ins Podcastleben startest.

Wer podcastet?

Okay, das klingt jetzt vielleicht platt, immerhin willst *Du* einen Podcast starten. Aber schauen wir uns das genauer an.

Wie stellst Du Dir Deinen Podcast vor? Möchtest Du alleine zu Deiner Zuhörer:innenschaft sprechen? Oder möchtest Du Deine Zuhörer:innen in ein Werkstattgespräch mitnehmen? Möchtest Du Expert:innen interviewen? Dich mit Kolleg:innen nett bei einem Kaffee unterhalten und die Zuhörer:innenschaft spielt dabei Mäuschen? Überlege Dir, in welche Richtung es für Dich und Deine Sendung gehen kann. Du musst am Ende des heutigen Tages keine komplette Gäst:innenliste bis Ende 2037 haben, aber zumindest die Überlegung, wie viele Menschen gemeinsam sprechen könnten, solltest Du vorab einmal anstellen.

. . .

Praxistipp: Es sollten im Übrigen nicht zu viele Sprecher:innen pro Folge werden, damit die Hörer:innen noch eine Chance haben, die Stimmen auseinander zu halten. Vier bis fünf sind meist noch gut machbar, wenn die Stimmen sich gut unterscheiden lassen.

Hinweis: Wundere Dich bitte nicht, wo Du in einem Jahr gelandet sein wirst! Das kann durchaus ganz andere Wege einschlagen, als Du vielleicht zu Anfang dachtest. ;) Das ist auch völlig okay, denn auch ein Podcast darf – und soll! – sich entwickeln. Mach Dir trotzdem vorab ein paar Gedanken, in welche Richtung Du starten möchtest. Die Richtung korrigieren kannst Du dann im Gehen. (Und nur im Gehen.) Und selbst wenn Du von vornherein vorhast, nur eine einzige Miniserie mit X Folgen zu machen, ist es gut möglich, dass Du und Dein Podcast sich von dort aus dann weiterentwickeln – so ist es mir mit dem *Datenschutz Podcast* gegangen, der eigentlich nur eine Info zur Umsetzung der DSGVO werden sollte. 2020 hatte mir dann auch mal gründlich die Sprache verschlagen (und von 2022 wollen wir gar nicht reden), aber das Podcasten ist bisher immer – wenn auch mit zeitlicher Verzögerung – durchaus wiedergekommen. Meine Podcast-Formate haben sich gewandelt, so wie auch mein Leben und das meiner Hörer:innen über Lockdowns, berufliche und private Unsicherheiten und so manche Tiefschläge gewandelt hat.

Als Überlegungshilfe nochmal eine Erinnerung an typische Podcastformate:

- »Laberpodcast«: Menschen unterhalten sich, eher länglich bis lang, eventuell als Livesendung mit Live-Hörer:innen und Interaktion z. B. im Chat

- Themenpodcasts mit gegebenenfalls wechselndem Format der einzelnen Folgen
- Personality-Podcasts
- Interviewpodcasts
- Fictionpodcasts: fiktionale Geschichten oder Hörspiele
- »Action«-Podcasts mit Kochen, Basteln etc.
- Coachingpodcasts
- Wissenspodcasts
- …
- Dein persönliches Podcast-Format

Dein Podcast ist das, was Du draus machst.

Wie scharf ist das Bild Deines eigenen Podcasts schon geworden? Weißt Du schon, in welche Richtung Deine Podacst-Reise gehen soll? Falls das Bild noch etwas verschwommen ist, kein Problem. Wir haben noch ein paar Schritte vor uns. Und Du musst noch nichts entschieden haben, aber schlüpf doch einfach schon mal probehalber in die Podcaster:innenschuhe. Du als Intervier:in mit wechselnden Gäst:innen? Du alleine in Deiner Küche, Deinem Atelier oder auf Deiner Yogamatte, wie Du den Menschen begeistert von Deinem kreativen Leben oder Deinem liebsten Hobby erzählst. Na, wie fühlt sich das an?

Wie lang muss eine Folge sein?

Eine Frage, die häufig in meinen Workshops gestellt wird ist, wie lang eine Podcastfolge sein sollte. Die Antwort: Das kommt drauf an. Auf Dein Thema, genauso wie auf Dein Format und Deine Zielgruppe.

Wenn Dein Format »5-Minuten-Morgenmeditation« heißen sollte, werden Deine Hörer:innen pro Folge fünf bis maximal sieben Minuten erwarten und eher irritiert sein, wenn auf einmal eine Folge mit 20 Minuten oder anderthalb Stunden dazwischen auftaucht.

. . .

Wenn Dein Podcastformat Interviews mit Expert:innen zu einem bestimmten Themenspektrum beinhaltet, wo Teilaspekte tiefergehend beleuchtet werden und Menschen bei Dir Informationen bekommen, die sie sonst mühsam aus zwölf Sachbüchern »zutzeln« müssten, sind auch dreieinhalb Stunden pro Folge durchaus okay.

Du kannst auch Deine Zielgruppe als »Peilmaß« nehmen und Dich daran orientieren, wie lange die wahrscheinlich Podcasts hört.

Ein Maß, das öfter im Zusammenhang mit Podcastlängen genannt wird, ist die durchschnittliche Pendlerzeit von 25 Minuten pro Richtung pro Tag. Entsprechend wird eine Länge von 25 Minuten pro Folge vorgeschlagen. Wenn Deine Zielgruppe aber gar nicht pendelt oder Dein Format nicht in 25 Minuten passt oder nicht beim Pendeln gehört werden sollte (z. B. die »Morgenmeditation«), dann ist das vermutlich nicht das richtige Maß für Dich.

Ich habe selbst Podcastfolgen zwischen zweieinhalb Minuten und viereinhalb Stunden produziert und alle davon haben ihre Hörer:innenschaft. Meinen Gäst:innen sage ich bei der Vorbereitung immer, dass meine durchschnittliche Folgendauer bei ca. anderthalb Stunden liegt. Falls wir uns nach zwanzig Minuten nichts mehr zu sagen haben (ist übrigens noch nie passiert), ist das auch okay, wenn es zwei Stunden werden, passt das ebenfalls.

Die Wahrheit liegt also ganz bei Dir und Deinem ganz persönlichen Format. Wir sind nicht beim Radio und daher auch nicht an sekundengenaue Zeitslots gebunden. Eine Podcastfolge dauert so lange, wie sie dauert.

Wie oft muss eine neue Folge rauskommen?

Wie in vielen Fällen lautet die Antwort: Das kommt drauf an. Wenn Dein Format eine tägliche Morgenmeditation sein soll, dann wäre »täglich« eine gute Frequenz. Es gibt wöchentliche Nachrichtenpodcasts, die sich mit den Themen der Woche auseinandersetzen, diese erscheinen – ja, genau – wöchentlich. Es gibt Sendungen, die erscheinen komplett unregelmäßig, wann auch immer die podcastenden Menschen eben Zeit haben. Und alle davon haben ihre Hörer:innenschaft.

Das Wichtige ist: Übernimm Dich nicht. Podcasten kann nach der Anfangsbegeisterung auch bald in Arbeit umschlagen. Da hilft es sehr, wenn Du ein Thema gewählt hast, für das Du wirklich brennst. Als Kreative brennen wir alle für unser Handwerk, aber auch da gibt es Teilbereiche, die heller lodern als der Rest. Und die machen die motivatorischen Durststrecken erträglicher. Es gibt diese Tage, die echt mies sind, alles schiefgeht, Dein Lieblingsgetränk aus ist und Du eigentlich nur noch auf dem Sofa zusammengerollt unter Deiner Kuscheldecke liegen willst. Wenn Dich dann jemand nach »Pflanzenfarben für selbstgesponnene Alpakawolle« fragt, dann wird Dir das unweigerlich ein Lächeln auf's Gesicht zaubern und für zwei Minuten ist die Welt wieder okay. Und falls Du keine Alpakawolle selbst spinnst und färbst, weißt Du trotzdem genau, worauf ich hinaus wollte, richtig? Sehr gut.

Setz Dir realistische Ziele.

Denn: Das Leben ist kein Alpakahof. Es kommt immer wieder mal was dazwischen, Du wirst krank oder Gesprächspartner:innen fallen aus. Das passiert und es ist normal. Wenn Du Dir vornimmst, eine Folge pro Monat zu veröffentlichen, ist es toll, wenn Du das durchhältst. Wenn Du fleißig Deine Folgen aufnimmst und in vier Monaten drauf kommst, dass Du schon genug für das ganze Jahr vorproduziert hast, dann kannst Du auch darüber nachdenken, die Frequenz zu erhöhen und ab jetzt alle zwei Wochen eine Folge rausgeben.

Nachjustieren ist erlaubt. Erwecke nur keine falschen Hoffnungen bei Deinem Publikum.

Wenn Du es drei Wochen am Stück schaffst, dass Du jeden Tag eine zehnminütige Motivationssendung veröffentlichst, wirst Du damit vermutlich eine ganz begeisterte Zuhörer:innenschaft gewinnen. Und wenn dann plötzlich die Folgen ausbleiben, kann das Frust schüren.

Falls etwas dazwischenkommt – was wie gesagt immer mal passieren kann – dann mach eine Minifolge und sag Deinem Publikum, warum es für die nächsten zwei Wochen etwas stiller wird, weil Familiennotfall, Hausumbau, neue Babykatze ... Die Hörer:innen mögen es, *dabei* zu sein. Und sie werden Verständnis haben, wenn es grade mal nicht so häufig geht, dass Du ihnen neue Folgen servierst.

Musst Du eine "Nullnummer" produzieren?

Eine »Nullnummer« ist die allererste Folge eines Podcasts, die aber noch keine »echte Folge« ist, sondern ein »Vorspann«, eine kleine Vorstellung, was auf diesem Kanal demnächst passieren soll.

Wenn Du Deinen Podcast an den Start bringst, kannst Du eine Nullnummer aufnehmen, in der Du Dich selbst vorstellst und was Du Dir so denkst, was Dein Podcast werden soll, also was die Hörer:innen so erwartet.

Diese Folge muss nicht lang sein. Viele Nullnummern kommen mit weniger als fünf Minuten aus. Manche auch nicht. Und manche veröffentlichen nur ihren Jingle, den sie für den Podcast gemacht oder gekauft haben als Nullnummer.

EINE NULLNUMMER MUSS NICHT SEIN. Ich habe die meisten meiner Podcasts ohne Nullnummer veröffentlicht. Eine Nullnummer ist in meinen Augen kein »Must-Have«, aber ein nettes »Goodie«.

Eine Nullnummer hat allerdings zwei tatsächliche Vorteile: Erstens machst Du Dir beim Erstellen der Nullnummer noch einmal genau

Gedanken dazu, was Du eigentlich vorhast und formulierst das. Damit verstehst Du auch selbst besser, was für ein Projekt gerade vor Dir liegt, auch wenn sich das im Verlauf des Podcasts dann später noch ändern wird. Es gibt Menschen, die hören Nullnummern besonders gerne und auf *fyyd*, einer deutschsprachigen Podcast-Suchmaschine, die aus der Podcaster:innen-Community hervorgegangen ist, gibt es auch extra Nullnummern-Kurationen.

Der zweite Vorteil einer Nullnummer ist, dass Du schon eine Folge zur Hand hast, die Du hochladen kannst, um Deinen Feed auf der technischen Seite einzurichten. Wenn der Feed nichts ausliefert, wird er beispielsweise von *iTunes* als fehlerhaft erkannt und nicht angenommen.

Du kannst natürlich auch einfach mit Deiner »Nummer Eins«, Deiner ersten richtigen Folge, ins Podcaster:innen-Dasein starten.

Wann ist Dein Podcast erfolgreich?

Marketingmenschen würden jetzt mit »KPIs« um sich werfen. »Key Performance Indicators« sind Erfolgsindikatoren; Schlüsselparameter zur Beurteilung, ob etwas »performt«, also gut läuft. Da gibt es unter anderem Downloadzahlen, Abbruchraten und Conversion Rates. Ich habe selbst viele Jahre erst in einer Agentur, dann freiberuflich für Agenturen und zuletzt in einem Konzern mit mehreren externen Marketingagenturen zusammen gearbeitet, dass ich persönlich von all dem wenig halte. Zum einen sind bei allen Analysemöglichkeiten sehr viele Unsicherheiten drin und wenn man zwei unterschiedliche Analysetools benutzt, kommen zum Teil sehr unterschiedliche Zahlen dabei raus, teils mit Abweichungen von über 60 Prozent. Von daher sind alle Analysen immer nur eine Glaskugel und eine datenschnorchelnde obendrein.

Downloadzahlen sind kein KPI

»Ich hatte 4.367 Downloads bei der Folge!« Schön. Und nu? Ich selbst habe Podcastfolgen, die sind so nischig, dass sie gerade mal 65 Downloads haben. Nein, da fehlt keine Null. Und welche, die so viel Interesse geweckt haben, dass sie 38.000 Downloads haben. Und es gibt populäre Podcasts, da fängt es bei den 38.000 pro Folge gerade erst an.

Downloadzahlen bedeuten übrigens nicht, dass die Folgen auch von so vielen Menschen gehört wurden, sondern nur, dass so viele Geräte vermutlich automatisch die Folge als sie neu rauskam, heruntergeladen haben. Ob die Menschen dann auch »play« gedrückt haben, wissen wir nicht.

Außerdem sind Podcastepisoden zeitlich unbegrenzt im Netz verfügbar. Wer sagt, dass dieses eine Thema, zu dem Du vor einem Jahr schon einmal eine Folge gemacht hast, nicht nächste Woche aus irgendeinem Grund spontan einen Hype auslöst und Du mit einem Mal tausende Downloads auf eine alte Folge kriegst?

UND WAS SAGT eine Downloadzahl über die Qualität der Folge aus? Was über die Aktivität Deiner Zuhörer:innenschaft? Was darüber, ob Menschen Dein neues Buch, den Bildband oder eine Karte für Dein nächstes Konzert gekauft haben? Genau: Nicht viel bis gar nichts.

Muss mein Podcast bei *iTunes* in den Top10 oder unter »neu und beachtenswert« gelistet sein?

Nein. Aus mehreren Gründen nicht.

Zum einen ist so eine Top10 immer nur eine Momentaufnahme und sagt absolut nichts über die bisherige oder weitere Entwicklung der Downloadzahlen Deines Podcasts.

»Neu und beachtenswert« ergibt sich aus einer großen Anzahl von Downloads in einer sehr kurzen Zeit nach der Erstveröffentlichung

(»Launch«) des Podcasts. Die Wahrscheinlichkeit, dass ein Podcast von einer Privatperson dort landet, ist gering. Außer die Person ist sehr gut im Marketing, hat eine enorme Mailingliste und bestehende Fans seit Wochen drauf getrimmt, jetzt sofort beim Launch auf Abonnieren zu klicken. Das kannst Du natürlich tun. Aber erwarte nicht, dass Du deswegen in die Top10 oder die »Neu und beachtenswert« Kategorie kommst. Und das ist auch gar nicht schlimm.

Der Erfolgsfaktor für Deinen Podcast

Für mich ist ein unmissverständlicher Erfolgsfaktor für einen Podcast: Interaktion mit den Hörer:innen. Wenn Du Feedback bekommst, Nachfragen, Kommentare, vielleicht sogar echte, physische Post. Wenn Du mit Deiner Hörer:innenschaft in Kontakt kommst und Menschen mit Dir in Austausch treten wollen, dann hast Du ihre Aufmerksamkeit. Vielleicht sind nicht alle 100%ig damit einverstanden, was Du sagst und es kann durchaus auch negatives Feedback kommen. In den allermeisten Fällen habe ich persönlich allerdings bisher eher konstruktive Kommentare erhalten, wenn jemand mit etwas nicht ganz einverstanden war. Und der Großteil sind meiner Erfahrung nach positive und hilfreiche Äußerungen. Wenn es bei Dir soweit ist, dass Menschen sich bei Dir melden und vielleicht noch etwas ergänzen oder etwas für eine kommende Folge einreichen wollen, dann hast Du ein engagiertes Publikum, das an Deinen Lippen klebt und sich nach Deiner nächsten Folge sehnt. Und diese Menschen kaufen voraussichtlich auch Deine Musik, Deine Kunst oder Bücher und vielleicht spenden sie Dir sogar etwas Geld dafür, dass Du den Podcast weiterführst. Dazu mehr im Kapitel über Crowdfunding.

Feedback

Feedback ist das Gold des Podcastens. Wenn Du irgendetwas als Erfolgskriterium für Deinen eigenen Podcast ansetzen möchtest, schlage ich vor: nimm Feedback. Das können »Likes« und Sternchen sein, die in Katalogen wie *iTunes* oder *Panoptikum.io* vergeben werden können. Auch wenn einzelne Folgen in kuratierte Sammlungen zu bestimmten Themen auf *fyyd* eingereiht werden, würde ich das als »positives Feedback« zählen. Kurationen sind von Menschen zusammengestellte Sammlungen von Podcasts oder einzelnen Folgen unterschiedlicher Podcasts zu bestimmten Themen.

VORHER FIEL SCHON der Hinweis auf Feedbackmöglichkeiten als Bestandteil einer Podcastfolge. Die klassischen und üblicherweise recht leicht umzusetzenden Möglichkeiten sind:

- E-Mail (Vorschlag: Mailadresse = feedback@deinpodcastname.de)
- Social Media (Podcastaccount)
- Social Media (persönlicher Account)
- Kommentar direkt bei der Folge, wenn Du aus *Wordpress* heraus veröffentlichst
- Audiokommentar von Zuhörer:innen

Überlege Dir, was Du gut umsetzen kannst. Eine eigene Mailadresse ist bei Deinem Hostingprovider leicht einzurichten; also dort, wo Du vielleicht schon Deine Webseite liegen hast. Von Gmail & allen Gratisanbietern rate ich ab – Näheres dazu in den Kapiteln zu Datenschutz und Softwarealternativen.

Kommentare direkt bei der Folge in Deinem *Wordpress* sind auch eine tolle Möglichkeit, Feedback zu erhalten.

PRAXISTIPP: Wenn Du *Wordpress* verwendest, installiere ein Spamfilter-Plugin wie *Antispam Bee*. Das hält Dir falsche Kommentare von Bots (automatisierten Programmen) vom Hals. Es ist okay, einmal in der Woche Kommentare per Hand freizuschalten. Oder wann Du halt die nächste Folge vorbereitest, um dann auf das Feedback zur vorherigen eingehen zu können.

Gesprochene Kommentare

Audiokommentare sind eine tolle Sache. Manche Podcaster:innen haben dazu sogar eine extra Telefonhotline eingerichtet, bei denen sich Hörer:innen zu Wort melden können. Die meisten nehmen einfache .mp3- oder .m4u-Dateien, die aus den Sprachnotizen-Apps der Mobiltelefone herauskommen und schicken sie Dir per E-Mail. Oder sie schicken Dir einen Downloadlink zu ihrer eigenen *NextCloud* oder Ähnliches.

Praxistipp: Vorsicht bei Downloads und Dateien von Fremden! Wenn jemand es nicht gut mit Dir meint, können solche Downloadlinks oder Dateien auch Malware, also Schadsoftware enthalten. Downloads sollten grundsätzlich vorab mit z. B. einem Antivirenprogramm geprüft werden. Sollte der Download eine .exe Datei sein, lad sie am besten gar nicht erst runter oder lösch sie sofort, denn hier ist mit hoher Wahrscheinlichkeit eine Schadsoftware dahinter.

Negatives Feedback

Konstruktive Kritik ist herzlich willkommen, so wie positives Feedback jeder Art. Konstruktives Feedback kann Dir zeigen, wo Du Deinen Podcast noch besser machen kannst, um Deine Hörer:innen noch glücklicher zu machen oder auch, um mehr Hörer:innen zu gewinnen.

Negatives Feedback von Menschen, die einfach nur unzufrieden sind, kann es geben, keine Frage. Es gibt immer mal wieder Menschen, die mit Dir nicht können. Oder mit Deinem Dialekt. Oder mit Deinem Thema. Oder die eine:r von achtzig Millionen besseren Fußballtrainern sind. Das ist okay. Du kannst ja sicher auch nicht mit jedem:r. Muss ja auch nicht. Denk an die Filterwirkung Deines Podcasts. Wenn die Menschen sich schon über Deinen Podcast einmal »ausgelassen« haben, kaufen sie vermutlich nicht mehr Deine Kunst, Deine Musik, Deine Bücher, Deine Fotografien. So ist es auch unwahrscheinlicher, dass sie negative Rezensionen für Deine »Bezahlprodukte« hinterlassen. Nimm es einfach als gegeben hin und mach weiter. Es wird immer Kritiker:innen geben.

Du bist übrigens weder verpflichtet, negative Kommentare bis zum Ende zu lesen und schon gar nicht dazu, darauf auch noch zu antworten. Im Zweifelsfall den Account einfach blocken. Niemand muss sich blöd anmachen lassen.

HINWEIS: Gewaltphantasien, Vergewaltigungsphantasien und Morddrohungen kann es geben. Gerade Frauen und nicht-binäre Personen kennen das leider. Wenn Dein Podcast an Reichweite und damit an Zuhörer:innen gewinnt, wächst auch die Wahrscheinlichkeit, dass Du Dir »Trolle« einfängst, die Dir ihre Phantasien aufdrängen wollen.

ZUERST EINMAL MUSST Du *nicht* darauf eingehen. Jedes positive Feedback oder auch konstruktive Kritik ist jederzeit willkommen und damit solltest Du Dich auch auseinandersetzen. Aber falls es ins Extreme abdriftet, hilft nur *kommentarlos löschen*. Diskussionsbefreit. Wenn es strafrechtlich relevant wird, kannst Du natürlich die Beweise durch Screenshots sichern und eine Anzeige bei der Polizei in Erwägung ziehen. Aber grundsätzlich gilt bis dahin: »Don't feed the trolls.« Trolle nicht füttern. Einfach ignorieren, Kommentar löschen (lassen) und weitermachen. Aufstehen, Mikro richten, auf zur nächsten Folge.

Folgen skripten

Wenn Du noch unsicher bist, was das freie Sprechen am Mikrofon angeht, kannst Du Dir überlegen, die Folgen vorab zu skripten, also vorzuschreiben und dann den Text zu lesen. Ich schreibe jetzt absichtlich nicht »ablesen«, denn nach Möglichkeit sollte es nicht so klingen.

Mich persönlich irritiert es sehr, wenn Menschen Texte merklich vorlesen. Da müssen die Inhalte schon wirklich hochinteressant für mich sein, dass ich trotzdem dranbleibe. Andere finden gescriptete Texte nicht so schlimm. Für mich persönlich leben Podcasts davon, frei gesprochene Information zu sein – gerne mit Denkpausen und Verhasplern und auch mal mit meanderndem Denken.

Vielleicht fällt es Dir leicht, frei vor dem Mikro zu sprechen, dann reichen Dir vermutlich ein paar Notizen, um an alles Wichtige zu denken.

Vielleicht möchtest Du gerade am Anfang sichergehen und brauchst dazu etwas zum »dran Festhalten«. Oder Du bist bei mehreren Versuchen, frei zu sprechen, in Kaskaden von Ähms und Öhs verfallen und hast irgendwann nur noch vor Dich hingestammelt. Dann ist es natürlich völlig okay, Dir Deinen Weg ins Podcasten vorzuschreiben. Schreib vor, was Du brauchst und dann nimm es mal testweise auf – zum Beispiel einfach in Dein Smartphone in die Sprachnotizen-App sprechen. Mach eine kleine Pause und hör es Dir dann an.

Gib Deinen ersten Versuch auch gerne ein paar Testhörer:innen innerhalb Deiner Zielgruppe. Das ist wichtig, weil Deine beste Freundin, Deine Mutter oder Dein Nachbar sind sicher unglaublich liebenswerte Menschen, aber wenn sie nicht Deine Zielgruppe sind, ist ihr Feedback zwar cool, sagt aber nichts darüber aus, wie Dein Podcast bei Deiner Zielgruppe ankommt.

Praxistipp zu Feedback: »Langweilig« und »verwirrend« sind die beiden Punkte, die zählen. Wenn Menschen sich bei Deinen Ausführungen langweilen oder Dir nicht folgen können, dann hakt was und das kann jedem:r anderen Hörer:in auch passieren. Alles andere hingegen sind persönliche Meinungen und sollten Dich nicht vom Plan abbringen. »Dein Intro finde ich zu lang« oder »musst Du immer so laut lachen« ist zwar auch Feedback, aber sagt nur etwas über den persönlichen Geschmack dieses:r einen Hörer:in aus. Bei solch einem Feedback einfach nicht abbringen lassen und weitermachen. Wenn solches Feedback von ganz vielen Leuten kommt, kannst Du darüber nachdenken, etwas zu ändern.

Staffeln und Miniserien

Für manche Formate ist die Veröffentlichung von Episoden in abgeschlossenen Staffeln oder auch Miniserien eine Option. Nicht immer, aber es kann durchaus passen; in Themenpodcasts beispielsweise.

Der Unterschied von Staffeln und Miniserien ist, dass Staffeln (mehr oder weniger) abgeschlossene Serien sind, die thematisch oder zeitlich (oder beides) zusammenhängen. Manche gliedern ihren Podcast in Jahresstaffeln ein; also alle Folgen, die 2018 erschienen sind, bilden eine Staffel, alle von 2019, und so weiter. Andere machen Themenstaffeln.

Ich mache das bei meinem *ViennaWriter's Podcast* und dem *Datenschutz-Podcast*, die anderen kommen ohne aus. Ich fange im ersteren immer dann eine neue Staffel an, wenn ich in meiner Karriere als Autorin eine neue Schwelle erreicht habe, weil der Podcast mich auch durch mein Autorinnenleben begleitet. Während ich das hier schreibe, bin ich in der dritten Staffel und habe schon zweimal darüber nachgedacht, ob es nicht langsam Zeit für eine vierte Staffel würde.

Miniserien sind kleine Blöcke an zusammenhängenden Folgen, die auch innerhalb einer Staffel oder eines staffellosen Podcasts vorkommen können. Ich habe beispielsweise eine Miniserie zum Thema »Selfpublishing« innerhalb meiner dritten Staffel des *ViennaWriter's Podcast* veröffentlicht und eine über »Mobbing, Trolling und Hatespeech« im *Datenschutz-Podcast*. Ich fand es sehr passend, die Folgen zu bündeln, damit Interessierte sie auch gemeinsam finden können. Dazu verlinke ich die Folgen innerhalb der Shownotes miteinander und habe den Miniserien-Folgen ein extra Logo auf dem Folgen-Cover gegönnt.

DU BIST VÖLLIG FREI in Deiner Gestaltung. Vielleicht startest Du einfach ohne geplante Staffeln und kommst irgendwann drauf, dass Du Deinen Podcast doch noch unterteilen möchtest. Es hindert Dich niemand daran, das nachträglich zu tun.

CHECKLISTE
DEIN FORMAT

Themenpodcast? Laberpodcast? Interviewpodcast? Wissenspodcast? Personality Podcast? ...

____

Deine Podcastfolgen sollen immer in etwa so lang sein:

____

Nullnummer? ☐ ja ☐ nein

Diese Feedbackmöglichkeiten bietest Du an:

____

____

Geplante Staffeln? ☐ ja ☐ nein

Geplante Miniserien? ☐ ja ☐ nein

zotzmann-koch.com/book/podcasting

8

SCHRITT 4: MOBIL ODER STATIONÄR?

Die angekündigte zweite Grundsatzentscheidung, die Du vorab treffen solltest ist, *wo* gepodcastet wird. Wie jetzt, *wo*? Nun ja, mit der Überlegung, welches Format Du anstrebst, ist diese Frage vielleicht schon zum Teil beantwortet. Aber mach Dir die Szenarien, in denen Du podcasten möchtest, noch einmal klar.

Möchtest Du grundsätzlich immer nur an z. B. Deinem Schreibtisch aufnehmen? Egal, ob alleine oder vielleicht über Distanz mit Gäst:innen, aber Du und Deine Ausrüstung bleiben immer am selben Platz? Oder möchtest Du ein mobiles Equipment haben und immer und überall, vielleicht sogar auch ganz spontan eine Sendung oder ein Interview aufnehmen können?

Mach Dir ein paar Gedanken, ob Du immer nur alleine an einem Platz aufnehmen willst, oder ob Du Dir vorstellen kannst, unterwegs – zum Beispiel auf einer Buchmesse, bei einer Vernissage, einem Konzert oder bei einer Lesung – ebenfalls Tonaufnahmen zu machen.

Die Entscheidung, wo Du podcasten möchtest, beeinflusst maßgeblich, welche Ausrüstung Du brauchst. Es macht schon einen Unterschied, ob Du ein wuchtiges Großmembranmikrofon an einem festgeschraubten Mikrofonarm an Deinem Schreibtisch montiert hast und dann direkt in Deinen Rechner hinein ins Schnittprogramm aufnimmst, oder ob Du in ein kleines mobiles Aufnahmegerät investierst, das Du locker im Rucksack oder in der Handtasche immer dabei hast. Beides hat seine deutlichen Vor- und Nachteile; da kommen wir im Kapitel zur Hardware noch drauf.

Für den Moment ist wichtig, dass Du Dir Gedanken dazu machst, wie die Szenarien, in denen Du podcasten möchtest, aussehen könnten.

»Orientierung« im Podcast

Solltest Du über ein »mobiles Format« nachdenken, bei dem Du unterwegs Aufnahmen machen möchtest, wo Du auch mal in einer Messehalle stehst oder irgendwo im Wald unterwegs bist – coole Sache!

Denk aber an Deine Hörer:innen. Die sehen beim Start der Folge nicht, wo Du warst, als Du aufgenommen hast. Viele sehen auch das Episodencover nicht, weil sie das Smartphone vielleicht in der Jackentasche haben und Deine Folge automatisch abgespielt wird. Vielleicht sehen sie es sogar nie.

Gib Deinen Hörer:innen Orientierung, indem Du ansprichst, wo Du Dich gerade befindest, denn eine Messehalle klingt anders als die Fußgängerzone, klingt anders als Dein Schreibtisch, klingt anders als im Wald … Gib ihnen die Möglichkeit, sich zu orientieren, indem Du kommentierst, was sie hören und wieso es sich vielleicht anders anhört als sonst. Das hilft nicht nur den Hörer:innen, sich zurechtzufinden, und wieder das Gefühl zu haben, »dabei zu sein«, sondern auch Dir, in die Folge und zu Deinen Hörer:innen zu kommen.

CHECKLISTE

MOBIL, STATIONÄR ODER HYBRID?

Möchtest Du unterwegs Aufnahmen machen? ☐ ja ☐ nein

So stellst Du Dir Dein übliches Aufnahme-Szenario vor:

____

____

____

Solo, ein:e Interviewpartner:in oder viele Mitpodcastende?

☐ Solo ☐ 1-2 Gäst:innen ☐ bis zu 5 Mitpodcastende

Ausschließlich am Computer oder flexibel?

☐ USB ☐ XLR (Audio-Stecker)

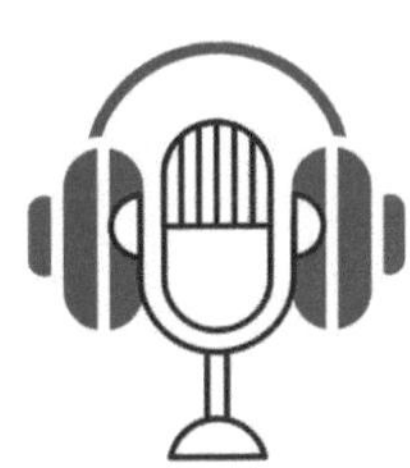

zotzmann-koch.com/book/podcasting

9

SCHRITT 5: DEIN REGALPLATZ

Ja, ich weiß, jetzt schlägt die Autorin durch. Mit »Regalplatz« meine ich, in welches »Regal« Dein Podcast einsortiert werden soll. Wo sollen Deine Hörer:innen ihn finden können? Zu dieser Einordnung gehören neben Deinem Thema unter anderem auch Dein Podcast-Name, das Logo und auch die Domain.

Dein Podcast-Name

Muss Dein Podcast-Name besonders »catchy« sein, damit Dein Podcast gefunden und gehört wird?

EHER NICHT. Aus folgenden zwei Gründen: In Podcastkatalogen sieht man beim Durchscrollen häufig nur die Cover oder den Titel nur sehr klein daneben. Der andere Grund ist, dass viele Menschen entweder auf Empfehlung einen Podcast hören oder aber nach bestimmten Themen suchen. Da sind die einzelnen Episodentitel und -beschreibungen eher ausschlaggebend, ob jemand, der:die gerade nach einem bestimmten Thema sucht, ein oder mehrere Deiner Folgen findet. Vermutlich wird diese Person erst einmal eine, dann eine weitere der gefundenen Episoden hören und dann eventuell Deinen Podcast abonnieren, falls der Inhalt ihr sehr gut gefallen hat.

Das heißt nicht, dass Du es Th. Franke nachmachen musst, der oder die 1910 ein Buch »Lehrkunde der Deutschen Rechtschreibung unter Berücksichtigung der Versuchsforschung und der neuesten Bestrebungen für eigne Fortbildung und zu Prüfungszwecken« nannte. Das wäre auch nicht anzuraten, weil viele Podcastkataloge nicht so lange Eingabefelder für Titel haben.

Die eigentliche Frage ist: *Gibt es bereits andere Podcasts mit dem Namen, der Dir vorschwebt?*

Sicher hast Du schon eine Idee im Kopf, wie Dein Podcast heißen soll. Schau Dich mal im *iTunes* Podcast-Verzeichnis um, ob der Name (oder ein sehr ähnlicher) bereits existiert. Falls das der Fall ist, solltest Du diesen Namen nicht nehmen. Die Gefahr für Verwechslung und Frust bei den Hörer:innen (und damit auch für negatives Feedback und schlechte Rezensionen) ist zu groß.

Die zweite Adresse nach *iTunes*, die ich Dir ans Herz legen möchte, ist *fyyd*. Schau auch hier nach, was Deine Titelsuche ergibt. Es gibt Podcasts, die nicht bei *iTunes* gelistet sind.

Die dritte Adresse ist *panoptikum.io*, ein weiteres deutschsprachiges Podcast-Verzeichnis mit vielen freien Podcasts. Auch hier kannst Du mal nach Deiner Titelidee suchen.

Die Domain

Ein wichtiges Kriterium, das für die Wahl Deines Podcastnamens relevant ist: *Ist die Domain noch frei?*

Das ist deswegen wichtig, weil es immer sinnvoll ist, eine Webseite zum Podcast zu haben; nicht zuletzt, um Deine Datenschutzerklärung, Dein Impressum, Links zu Deinen Social-Media-Kanälen etc. unterzubringen.

. . .

Es ist sinnvoll, dass die Webseite unter demselben Namen gefunden werden kann, wie der Podcast und Deine anderen Kanäle auch. Aus Hörer:innen-Perspektive ist das der Wiedererkennungswert. Achte darauf, wenn Du ohnehin gerade Deine Kanäle aufbaust. Schau Dir auch etwas bei Podcaster:innen ab, die das geschickt machen, wie beispielsweise die britische Autorin Joanna Penn, die überall unter *TheCreativePenn* zu finden ist.

Dein eigener Name oder Dein Pseudonym

Wenn Dein Podcast Deinen Namen trägt, ist das natürlich auch eine gute Idee, wenn es zentral um Dich geht. Wenn Du unter mehreren Pseudonymen kreativ tätig bist, kann das allerdings zu Verwirrung führen, falls Du als »Amanda Colonia«, was vielleicht Dein Haupt-Pseudonym ist, Deinen neuen Podcast namens »Lieschen Müllers heile Welt Podcast« empfiehlst. Wenn Du darüber nachdenkst, einen Podcast unter Deinem eigenen Namen oder Pseudonym zu veröffentlichen, z. B. »Stefans wöchentliche Plauderstunde«, denk kurz durch, mit welcher Deiner »Persönlichkeiten« Du den Podcast produzieren möchtest.

Eigennamen anderer

Achte bei der Namenswahl auch darauf, dass Du nicht versehentlich einen eingetragenen Markennamen erwischst. Lieber nochmal in eine Suchmaschine eingeben und das Internet befragen, ob der Begriff vielleicht bereits von jemand anderem markenrechtlich geschützt wurde. Ich weiß, wovon ich rede: Mein erstes Buch hatte den Arbeitstitel »Hildesheimer Rose«. Der Verlag fand den damals so nett, dass sie den Titel übernehmen wollten. Zwei Stunden vor Druck (wortwörtlich), kam der Hinweis, dass dies ein eingetragener Markenname sei, und das für die Verwendung als Buchtitel doch eher ungeeignet wäre. Ich hatte selbst nicht daran gedacht – aber daraus gelernt.

Dein Podcast-Cover

Das »Schallplatten-Cover« Deines Podcasts gehört zu den Dingen, die Du wirklich *brauchst*, um Deinen Podcast bei den Katalogen einreichen zu können. Das Cover ist quasi ein Pflichtfeld bei der Veröffentlichung, bzw. bei der Verbreitung Deines Podcasts.

Podcastcover sind quadratisch und haben üblicherweise eine Abmessung von 3.000 x 3.000 Pixeln (aktuelle Anforderung von *iTunes* bei der Einreichung – Stand Frühjahr 2022).

Wichtig ist: Es muss in Briefmarkengröße gut aussehen, ein markantes Logo haben, falls Du Schrift verwendest, muss diese gut lesbar sein und das Ganze muss am besten zwischen den anderen echt auffallen.

Im Gegensatz zu Deinem Podacstnamen ist Dein Cover etwas, das wirklich in jedem Katalog und jeder App angezeigt wird.

Praxistipp: Mach den Selbsttest. Welche Cover sprechen Dich an, wenn Du in Deiner Podcatcher-App, bei *iTunes* oder *fyyd.de* durch's Verzeichnis scrollst. An welchen scrollst Du einfach vorbei und welche springen Dich an? Warum? Was haben die »guten« Cover gemeinsam? Oder die schlechten? Haben die auch Gemeinsamkeiten?

Dein Foto als Cover

Wenn Dein Podcast Deinen eigenen Namen trägt oder beinhaltet, ist es eine Option, ein Foto von Dir selbst mit auf das Cover zu geben. Es ist aber keineswegs ein Muss! Wenn Du Dich damit nicht wohlfühlst, gibt es auch noch zig andere Arten, ein Podcastcover ansprechend zu gestalten.

. . .

PODCASTNAME auf's Cover oder nicht?

Eher ja. Gerade beim Durchscrollen durch die Verzeichnisse fallen »unbeschriftete« Cover immer wieder mal als »nichtssagend« durch.

Anfertigen lassen oder Selbermachen?

Wenn Du bildende Künstler:in oder Fotograf:in bist, plädiere ich in jedem Fall für Selbermachen.

Ist das Bildliche nicht Dein Medium, kannst Du auch darüber nachdenken, ein Cover einzukaufen. Entweder Du fragst jemanden in Deinem Netzwerk, der:die sich mit so etwas auskennt, oder Du schaust Dich auf entsprechenden Plattformen wie *fiverr* oder ähnlichen um. Einige Links findest Du im Anhang des Buches.

Falls Du es mal mit Selbermachen probieren möchtest, aber nicht viel Erfahrung in bildnerischer Gestaltung hast oder *Photoshop* Dich abschreckt, kann ich Dir noch zwei Tipps geben. Der erste ist: *Affinity* statt *Adobe*. Die Programme von *Affinity* sind recht übersichtlich. Man kann sich einarbeiten, ohne ein achtsemestriges Grafikdesignstudium zu absolvieren. Es gibt sie auch für's iPad und sie kosten in Einmalzahlung einen Bruchteil dessen, was man für *Adobe* Software in monatlichen Abos hinlegt.

Der zweite Tipp ist *canva.com*. Das ist eine Grafikbearbeitung, die auf einer Webseite im Browser läuft und sehr gute Unterstützung und Vorlagen bietet, mit denen auch Unerfahrene sehr schnell sehr gute Ergebnisse erzielen können. Diese gibt es sowohl gratis als auch in einer kostenpflichtigen Pro-Version.

Praxistipp: Achte in jedem Fall darauf, kein Urheberrecht anderer zu verletzen. Nimm nicht einfach irgendein Bild aus dem Internet, das Dir gut gefällt, sondern achte darauf, wirklich die Rechte an dem Bild zu haben – entweder durch Selbermachen oder durch Kauf bzw. Lizensierung.

CHECKLISTE

DEIN REGALPLATZ

Deine Idee für den Podcast-Namen:

____

Name noch frei auf ...

☐ iTunes ☐ fyyd ☐ panoptikum.io

Domain noch frei? ☐ ja ☐ nein

Unter welchem Namen trittst Du auf?

☐ eigener Name ☐ Pseudonym, und zwar:

____

Deine Idee für's Logo, das "Schallplattencover"

____

Welche anderen Cover findest Du gut?

____

____

____

Sieht in 2x2cm gut aus? ☐

An die 3.000x3,000px gedacht? ☐

zotzmann-koch.com/book/podcasting

DEIN PODCAST STECKBRIEF

Podcast-Name:

Cover

Dein eigener Name:

Dein Thema:

Deine Hörer:innen:

Deine Kommunikationskanäle:

Deine Feed-Adresse:

zotzmann-koch.com/book/podcasting

10

SCHRITT 6: MARKETING

Einfach mal persönlich werden.

Ja, ich schreibe das Thema »Marketing« wirklich absichtlich vor dem Schritt »Launch« ins Buch. Solltest Du einen reinen Spaß-Podcast planen, der einfach Deine Begeisterung für Dein kreatives Hobby ausdrücken soll und Menschen erreichen, die so ticken wie Du, brauchst Du dieses Kapitel nicht beachten. Du darfst natürlich trotzdem.

Solltest Du allerdings Deinen Podcast als einen Kommunikationskanal für Dein kreatives Business planen, dann ist dieses Kapitel für Dich durchaus relevant.

Es ist wie beim Bücherschreiben: Man kann Menschen nicht früh genug in den Prozess mit einbinden, um ihre Aufmerksamkeit und Neugierde auf das Neue zu lenken. Lass Menschen an der Entstehung teilhaben und sie werden auch am fertigen »Produkt« interessiert sein. Gerade bei »Indies«, also unabhängigen Kreativen ist das wichtig. Wir Indies leben davon, dass Menschen sich für das, was wir erschaffen, interessieren und die Produkte – Musikalben, Bilder, Bücher etc. – am Ende auch kaufen. Diejenigen von uns, die für Verlage und Labels arbeiten, haben es etwas einfacher, weil die Firmen einen Teil der Werbung übernehmen und zumindest ein kleiner Teil des Einkommens durch die Firmen gesichert ist. Bei manchen ein winziger Teil.

Deine eigene Webseite

Du solltest in jedem Fall eine Webseite zusätzlich zu Deinem Podcast haben, auf der Du Deine Datenschutzerklärung, das Impressum, Links zu Deinen Social-Media-Kanälen, Kontaktmöglichkeiten und so weiter zusammenführst. Ganz besonders dann, wenn Dein Podcast ein Kanal für Dein kreatives Business werden soll. Denn eine Webseite ist soviel mehr als eine »Visitenkarte« im Netz. Abgesehen von rechtlicher Verpflichtung und Absicherung mit Impressum und Datenschutzerklärung hast Du die Möglichkeit, Menschen auf Deine Angebote aufmerksam zu machen. Dein Podcast ist kein Verkaufskanal. Dein Podcast ist der Kanal, um bei den Menschen das Vertrauen aufzubauen, damit sie überhaupt auf Deine Verkaufskanäle schauen. Und da ist Deine Webseite der zentrale Anlaufpunkt.

ACHTUNG: NICHT ALLES »VOLLKRAMEN«, und alles auf eine Webseite knallen, insbesondere, wenn Du mehrere Podcasts hast und vielleicht auch mehrere Bereiche, in denen Du aktiv bist. Denk immer an eine gute Gliederung und betrachte die Seite auch mal mit den Augen Deiner Seitenbesucher:innen! Wenn schon auf der Startseite Deine Bücher zu Beziehungscoaching, Radieschenzüchten und Teddybärennähen durcheinander laufen, kann das Menschen verwirren. Zum Thema Webseite kommen wir aber später noch einmal, wenn es ums Hosting geht, denn wenn Du Deinen Podcast mit *Wordpress* veröffentlichen möchtest, brauchst Du ohnehin eine *Wordpress*-Seite pro Podcast, da *Wordpress* pro Webseite nur einen Podcast-Feed ausgeben kann.

· · ·

Praxistipp: Ich rede absichtlich von Deiner eigenen Webseite und nicht einer Facebook-Fanseite, einem *Instagram*-Kanal oder *Pinterest* oder was auch immer gerade das »In«-Netzwerk ist. Aus einem einfachen Grund: Deine eigene Webseite hast Du selbst in der Hand, die kann Dir kein Netzwerk einfach abschalten, die Herde zieht nicht einfach weg zur nächsten Plattform, wo Du dann erst wieder mühsam eine neue Präsenz und neue Followerschaft aufbauen musst und auf Deiner eigenen Webseite bestimmst auch Du, was darauf passiert, nicht irgendein Konzern oder Betreiber in Sonstwo. Deine eigene Webseite ist als Kreativ-Schaffende:r *der wertvollste Kanal,* den Du haben kannst. Falls Du bisher nur eine *Facebook*-Fanseite hast, ist *jetzt* der passende Moment, Dir gleich zusammen mit dem Podcast eine eigene Webseite aufzubauen.

Tipp: Impressumsservice

Wenn Du eine gewisse Reichweite erreicht hast oder auch schon zu Beginn, wenn Du Deine Privatadresse nicht unbedingt überall frei im Netz veröffentlichst haben möchtest, kannst Du Dir überlegen, einen Impressumsservice zu buchen. Bei großer Reichweite oder auch Trollen und negativem Feedback zahlt sich ein solcher Service schnell aus.

Ein Impressumsservice bedeutet, dass Du nicht Deine eigene Adresse im Impressum Deines Podcasts angibst, sondern die Adresse des Service, den Du dafür bezahlst, dass Du ihre Adresse angeben darfst. Sie nehmen eventuelle Post für Dich entgegen und leiten sie Dir weiter. Zusätzlich wirst Du nicht so leicht von Stalkern oder Hardcore-Fans zu Hause gefunden.

Es gibt verschiedene Anbieter mit verschiedenen »Paketen«. Einige können dabei ins Geld gehen, es gibt aber auch günstige darunter. Hier lohnt sich in jedem Fall eine Internetrecherche und ein aktueller Preisvergleich.

Soziale Medien

Wo musst Du vertreten sein, damit Dein Podcast erfolgreich ist? Brauchst Du wirklich in jedem einzelnen sozialen Netzwerk eine Präsenz? Die kurze Antwort lautet: Nein.

Auf Social Media ist es ein bisschen so, wie beim Podcasten selbst: Die Menschen merken, ob Du Dich in dem Netzwerk wohlfühlst, oder nicht. Wenn es Dir dort nicht behagt, wirst Du weniger oft dort sein, weniger mit Menschen interagieren, weniger selbst posten und schon gar nicht auf die Posts anderer Leute eingehen. Entsprechend wenig werden sie auch Deinem Account dort Beachtung schenken oder mit Dir dort interagieren wollen. Und entsprechend wenig trägt ein solches Netzwerk zu Deiner Reichweite bei, wenn wir jetzt mal zu dem Teil der Frage kommen, nämlich den Aussichten, durch Social Media Reichweite und Erfolg zu haben.

Ich habe mich vor einigen Jahren entschieden, dass ich nicht mehr auf *Facebook* sein möchte. Ich bin auch aktiv im Bereich Datenschutz und habe mich eingehend mit den Mechanismen hinter den einzelnen Plattformen beschäftigt. Schließlich habe ich mich aktiv gegen *Facebook* entschieden, weil ich zum Einen selbst nicht zu deren auf Datenhandel basierendem Geschäftsmodell beitragen möchte, zum Anderen möchte ich aber auch mein Angebot nicht im Rahmen von *Facebooks* Firmenpolitik und Geschäftsgebahren anbieten. Ich möchte es den Menschen ermöglichen, mich zu finden – egal ob für Bücher, Coaching, Auftragstexte oder Datenschutz-Unterstützung – ohne dass sie den *Facebook*-AGB zugestimmt haben müssen. Das ist mein Ansatz und meine feste Überzeugung. Und ich gebe zu, es gibt ca. zwei Handvoll Menschen, mit denen ich seither keinen oder nur noch sehr selten Kontakt habe, weil ich mich von *Facebook* losgesagt habe. Ich habe es dennoch nie bereut.

. . .

Ich bin stattdessen auf *Mastodon* unterwegs. Und ich bin mit meiner Entscheidung sehr glücklich, weil ich mich, insbesondere auf *Mastodon*, auch wirklich wohlfühle. In der ersten Fassung dieses Buches habe ich an dieser Stelle noch *Twitter* erwähnt, aber das ist mir meist zu aufgeregt und ich schaue mittlerweile nichtmal mehr einmal die Woche rein, ob jemand mich direkt angeschrieben hat. Stattdessen überlege ich gerade, dort alle Accounts, auch die für die Podcasts, einfach zu schließen.

Foren lese ich tatsächlich ebenfalls sehr selten, auch wenn ich es mir immer wieder mal vornehme, immerhin gibt es auch dort viele Menschen, die an meinen Büchern und Dienstleistungen interessiert sind. Aber ich schaffe es einfach nicht, das auch noch in meine 24 Stunden pro Tag zu bringen. Denn: Soziale Medien kosten Zeit. So wie jeder einzelne Kommunikationskanal, den Du bespielen willst.

Deshalb such Dir Deine Kanäle entweder strategisch nach Zielgruppe aus und leb damit, dass Du einen guten Teil Deiner Zeit dann vielleicht auf einer Plattform verbringst, auf der Du selbst nicht sein willst, was auch bei Deiner Zielgruppe ankommt; oder fang an, die Kanäle, die Du nutzen möchtest, strategischer zu bespielen.

Immerhin geht es um Deinen Podcast. Menschen hören Podcasts nur zum Teil wegen des Themas. Vielmehr hören sie einen Podcast, weil sie *Dir* zuhören wollen. Sie kommen zu Dir wegen Deiner Person, Deiner Stimme, Deiner Persönlichkeit. Und die Chance, dass Du auf Deinem bevorzugten Netzwerk Deine Leser:innen, Fans und Kund:innen triffst, ist sehr hoch.

Du musst Dich nicht verbiegen und Dir einen Account sonstwo machen und auf Plattformen rumstochern, wenn Du diese nicht ohnehin ausprobieren wolltest. Ein angefangener Social-Media-Account mit sechs Posts und dann Stille ist kein gutes Aushängeschild. Stattdessen sei Du selbst und sei dort, wo Du Dich gut fühlst. Sei dort präsent und interagiere aktiv mit den Menschen, die Deine Interessen – und das Interesse an Deinem Podcast-Thema – teilen. Dann hast Du auch gute Chancen, dort neue Hörer:innen zu finden. Und damit auch neue Leser:innen, Kund:innen und Fans.

Du kannst Dir überlegen, auf Deinem bevorzugten Netzwerk und vielleicht noch einem weiteren, in welchem Deine Zielgruppe aktiv ist, einen eigenen Account für Deinen Podcast anzulegen, wo Du dann immer einen Post absetzt, wenn es eine neue Folge gibt, wo Du auf Fragen und Feedback eingehst etc.

Achtung: Diesen Account solltest Du dann natürlich auch pflegen und beobachten, ob Anfragen reinkommen.

Ausnahme: Wenn Dein Podcast ein »Personality-Podcast« über Dich ist. Dann würde ich vorschlagen, auch neue Folgen, Feedback und Kommunikation auch zu Deinem Podcast, von Deinem persönlichen Profil aus zu posten.

Die eigene Bubble

Um Deinen Podcast bekannt zu machen, stelle ihn Deiner »Bubble« vor. Das können die Menschen in Deinem bevorzugten Social-Media-Kanal sein, Deine Kund:innen, Deine Schreibpartner:innen in der Schreibgruppe, Deine Freunde oder am besten alle zusammen. Involviere sie gerne früh in der Entstehung Deines Podcasts. Ruf zum Mitmachen auf!

Ich meine jetzt nicht, dass alle bei Deinem Podcast mitmachen sollen; wobei es eine durchaus coole Idee sein kann, Dir von allen einen Audiokommentar für die erste Folge schicken zu lassen. Ich meine: Lass Deine Fans, Deine Leser:innen, Deine Kund:innen Einfluss nehmen. Lass sie zum Beispiel beim Cover abstimmen, welche Version sie besser finden, die grüne oder die gelbe? Welchen der beiden Podcastnamen finden sie ansprechender? Und so weiter. Es gibt viele Möglichkeiten,

Deine »Bubble« und Dein Zielpublikum frühzeitig einzubinden. Damit hast du nicht nur Deine ersten Hörer:innen und vielleicht auch zukünftige Kund:innen gewonnen, sondern auch Unterstützer:innen, die echtes Interesse an Dir und Deinen Projekten haben und Dich motivieren können, wenn Du mal einen Durchhänger hast.

Bleib bei der Stange

Wenn Du einmal ihre Aufmerksamkeit hast, lass nicht locker. Lade die Menschen zum Beispiel ein, Deinen Newsletter zu abonnieren. Mach einen eigenen Newsletterverteiler (eine sogenannte »Liste«) dafür und schreib dort einen wöchentlichen Fortschrittsbericht. Oder was jetzt gerade wieder schiefgegangen ist. Biete Ihnen Inhalte, die sie so woanders nicht finden. Wie wäre es mit Buch- oder Filmempfehlungen, einer Probeszene aus Deinem neuen Buch, das Video, über das du nach drei Tagen immer noch lachst oder was Dich gerade sonst beschäftigt.

Poste auf Social Media Fotos, wenn das Päckchen mit dem Audioequipment ankommt, wie Du es auspackst (»Unboxing«). Da müssen nicht einmal Bilder von Dir selbst dabei sein, wenn Du Dich damit nicht wohlfühlst. Auch Fotos ohne Menschen drauf können sehr aussagekräftig sein. Manche Podcaster:innen behelfen sich, indem sie ihre Maskottchen mit ins Bild nehmen. Das kann auflockern und witzig sein. Aber vielleicht nicht gerade, wenn du einen seriösen Business-Account planst.

Praxistipp: Denk an Bildunterschriften und Bildbeschreibungen! Auch – und gerade – Menschen mit Sehbeeinträchtigungen hören Podcasts. Vielleicht hast Du bereits einige unter Deinen Followern.

Mund-zu-Mund Propaganda für das Mund-zu-Ohr-Medium

Am besten funktionieren Empfehlungen aus der Social-Media-Community oder in anderen Podcasts. Das war auch das Ergebnis einer Umfrage, die ich gemacht habe. Wenn Du Reichweite erlangen möchtest, solltest Du also darauf abzielen, in anderen Podcasts erwähnt zu werden.

Die folgenden Punkte kannst Du in Erwägung ziehen, wenn Dein Podcast gestartet ist. In den einzelnen Netzwerken allerdings bereits in der Entstehungszeit »aufzuschlagen«, hat allerdings deutliche Vorteile. 1. Es sieht nicht nach »fishy Werbung« aus und 2. kannst Du dort auch Hilfe finden, wenn Du an der ein oder anderen Stelle nicht weiterkommst.

Die Podcaster:innen-Bubble

Du kannst Deinen Podcast im *Sendegate* vorstellen. Das ist das Forum der deutschsprachigen Podcaster:innen-Community. Podcaster:innen sind sehr interessiert daran, was andere Podcaster:innen machen. Es werden sicher einige Deinen Feed abonnieren und mal reinhören. Ein paar davon bleiben vielleicht sogar und werden Stammhörer:innen.

Die lokale Bubble

Du kannst außerdem schauen, was Deine Region an Podcaster:innen Meet-ups zu bieten hat, einfach mal hingehen und Dich mit den Menschen dort vernetzen. Das auch gern bereits vor dem Launch Deines eigenen Podcasts. Sag einfach, Du bist gerade erst dabei, Deinen eigenen Podcast zu starten. Mit Sicherheit wirst Du dort Unterstützung finden für die Bereiche, in denen es bei Dir vielleicht gerade hakt. Es ist in meiner Erfahrung ein ganz toller, entspannter Austausch auf Augenhöhe. Podcaster:innen haben meiner Erfahrung nach eine tolle Willkommenskultur. Vielleicht findest Du hier auch (erste) Gäst:innen für

Deinen Podcast oder wirst selbst als Podcaster:in bei einem:r der lokalen Kolleg:innen eingeladen. Du musst keine Angst haben, ohne eigenen Podcast nicht für voll genommen zu werden. Sicher bist du schon Hörer:in und schon allein dadurch herzlich willkommen, denn dafür werden Podcasts ja gemacht.

Die Bubbles anderer Leute

Damit kommen wir zu einem sehr interessanten Punkt, was die Reichweite angeht – nämlich die Reichweiten anderer Leute. Lade selbst Gäst:innen in Deinen Podcast ein und bitte sie, Deine Folge mit ihrem Gespräch auch bei sich zu teilen. Die Fans Deiner Gäst:in werden mit sehr hoher Wahrscheinlichkeit diese eine Folge hören. Und wenn ihnen Dein Format gefällt, werden sie Deinen Podcast danach vielleicht auch abonnieren.

Lass auch Dich selbst bei anderen Podcasts einladen und tu dann dasselbe: teilen, teilen, teilen. So kommst Du durch die Hosts anderer Podcasts an deren Hörer:innen, die Dich vielleicht noch nicht kannten.

Einwurf kleiner Münzen muss nicht sein

Du brauchst kein Geld in Werbekampagnen und Social-Media-Ads zu stecken. Schon gar nicht so früh im Prozess. Ich glaube, ich habe keinen einzigen Podcast abonniert, weil ich eine Werbeanzeige dafür irgendwo gesehen habe. Ich kenne auch niemanden, der:die das getan hat. Ich habe gefragt! Zum einen diejenigen aus meiner direkten Umgebung, von denen ich weiß, dass sie Podcasts hören. Zum anderen habe ich noch eine dreitägige Umfrage auf *Mastodon* durchgeführt. Das Ergebnis war, dass 97 % der 115 Menschen, die geantwortet haben, keine Podcasts aufgrund von bezahlter Werbung abonniert haben.

Einer der Kommentare, die ich bekommen habe, war: »Kann mich nicht erinnern, jemals Werbung für einen Podcast gesehen zu haben. Aber mein Twitter-Client unterstützt auch keinen promoted content, und sonst hab ich kein normales Social Media.« Und das trifft einen Punkt: Menschen sind mit Podcasts zum Großteil auf ihrem Smartphone in Berührung. Dort, wo auch die Apps laufen, mit denen sie auf Social Media unterwegs sind. Und viele verwenden Drittanbieter-Apps, die bezahlte Inhalte gar nicht anzeigen.

Ebenfalls antworteten Menschen, dass sie schon mehrfach Werbung für Podcasts gesehen haben, sowohl von *Spotify* als auch von *Podimo* oder »von irgendwelchen fragwürdigen Coaches«. Ob es sich um bezahlte Werbung handelte, war die Personen, die mir schrieben, nicht sicher. Aber die Werbung wurde gesehen. Zitat: »Sie ist unsympathisch und definitiv ein Grund, das nicht zu hören. In eine Podimo-Folge habe ich sogar mal reingehört. Aber als sie mir nach der Hälfte gesagt hat, ich solle mir die App runterladen für die anderen Hälfte, habe ich mit dem Mittelfinger downgevoted.«

Ich persönlich glaube auch nicht daran, dass bezahlte Werbung für Podcasts eine gute Idee ist. Podcasts, wo die Podcaster:innen Geld für Social-Media-Ads ausgeben, finde ich persönlich auch »fishy«, weil es mir das Gefühl gibt, die wollen mir durch den Podcast dann was verkaufen. »Return Of Investment« nennt sich das im Marketing-Sprech. Geld reinstecken und Geld wieder rausbekommen. Wie eingangs gesagt, sind Podcasts das »Medium des Vertrauens«. Und wenn ich das Gefühl habe, die wollen mir was verkaufen, dann habe ich ein Grund*miss*trauen gegenüber den Werbenden und damit in dem Fall gegenüber den Podcastenden.

Analytics

Vielleicht hast Du gelesen, dass man bei Podcasts ganz genau beobachten soll, was die Leute hören und wo sie abbrechen zu hören und dann sollte man die, die da abgebrochen haben, auch noch personalisiert anschreiben können und ihnen ein Produkt von Dir anbieten …

. . .

Moment, drei Schritte zurück.

Was sind überhaupt »Analytics«? Erst einmal bedeutet Analytics nichts anderes, als dass Messungen gemacht werden. Besucherzahlen auf Webseiten beispielsweise. Bei Podcasts sind es häufig Downloadzahlen.

Um solche Analysen zu machen, sind entweder in der Software wie beispielsweise *Podlove*, das aus Deiner *Wordpress*-Seite heraus Deinen Podcast publizieren kann, Zählmechanismen integriert. Im Falls von *Podlove* sieht man auch, von ca. wo die Menschen Deine Folgen heruntergeladen haben, mit welchem Gerät sie wahrscheinlich die Folge heruntergeladen haben und mit welchem Programm dies wahrscheinlich passiert ist.

Du hast jetzt viel »ca.« und »wahrscheinlich« gelesen. Und das ist auch Absicht. Denn die Zahlen, die so eine Zählmechanik ausgibt, sind eher so annäherungsweise und in etwa fast so etwas wie genau. Also fast. Man kann in eine Webseite zwei unterschiedliche Analyseprogramme einbauen. Das wird sogar sehr häufig gemacht, insbesondere wenn am anderen Ende der Webseite ein Unternehmen mit einer Marketingabteilung und einer bis mehreren Marketingagenturen sitzt. Und wenn man mehrere Analyseprogramme einbaut, kommen immer unterschiedliche Zahlen heraus. Ausnahmslos. Und ich habe in meinen Jahren in der Webentwicklung viel gesehen, was das angeht. Teilweise unterschieden sich die ausgegebenen Werte um bis zu 60 Prozent. Soll heißen: Solche Analysezahlen sind eher so die Glaskugel unter den Erfolgsindikatoren.

Immer mehr Hostingplattformen bieten eine größere Palette an Analysen an. Abbruchrate ist eine davon. Das kann interessant sein, falls Dein Podcast ein Teil Deines Businesses wird und es essentiell ist, dass Leute bestimmte Infos noch mitkriegen sollen. Wenn der interessanteste Teil »im Abspann« kommt, aber 87 % Deiner Hörer:innen bei Minuten 13'56 abbrechen, dann ist dort Verbesserungspotential. Mit einem klugen Folgenaufbau kannst Du viel dazu beitragen, die Hörer:innen nicht nur zu begeistern, sondern auch Deinen Inhalt anzubringen. Die Notwendigkeit, (mehr oder weniger genau) zu wissen, wer wann wo abgebrochen hat und ob die Person dabei im Zug unterwegs war oder gerade in einem Café saß, musst Du selbst bewerten.

Personalisierung

Das gerade genannte Szenario, ob jemand unterwegs ist oder in einem Café sitzt, sich das Gerät, auf dem gehört wird, also mit einer bestimmten Geschwindigkeit auf einer bestimmten Route bewegt und daraus abgeleitet, ob es sich in einem Zug, einem Bus, einem Auto, an einem:r Fußgänger:in oder Radfahrer:in befindet, ist nicht ausgedacht. Es gibt entsprechende Analysen sowohl innerhalb von Apps anhand der Daten, die ein Telefon von sich gibt, oder auch extern durch WLAN-Hotspots oder Bluetooth-Ortung. Ob bereits ein Hostingservice diese Daten in seiner jeweiligen App auch erhebt und vielleicht sogar für Podcastende zur Einsicht freigibt, weiß ich allerdings nicht. Es ist in jedem Fall möglich; ich habe dazu auch schon einen Vortrag gehalten (»Track me if you … oh.«), den Link zur Aufzeichnung findest Du im Anhang.

Die Frage ist, was Dir solche Daten überhaupt bringen. Oder auch, ob es sinnvoll ist, Menschen direkt anzusprechen, die gerade Deinen Podcast ausgemacht haben. Vielleicht lag es ja auch gar nicht an Deinem Inhalt, sondern daran, dass gerade das Kind reingelaufen kam, der Bus da war, der Hund raus wollte oder das Gerät abgeschmiert ist.

Analysen mit Mass und Ziel

Nicht alles, was technisch machbar ist, ist auch sinnvoll. Eine blanke in-etwa-Downloadzahl ist vielleicht etwas vage, dürfte aber für den

Anfang – und auch später die meisten Zwecke – durchaus hinreichen. Denn: Du hast jederzeit die Möglichkeit, Deine Hörer:innen um Feedback zu bitten und ihnen die Frage zu stellen, was sie interessiert, was vielleicht besser geht und welches Thema du mal für sie aufbereiten sollst.

CHECKLISTE

DEIN MARKETING

Hast Du schon eine eigene Webseite?

☐ ja ☐ nein

Falls nein, bis wann möchtest Du eine erstellen?

____

In welchen sozialen Medien bist Du aktiv?

____

____

In welchen davon möchtest Du für Deinen Podcast einen eigenen Account erstellen?

____

Hast Du schon einen Newsletter?

☐ ja ☐ nein

Falls nein, bis wann möchtest Du einen erstellen?

____

CHECKLISTE

DEIN MARKETING

TEIL 2

Deine Ideen für Dein Offline-Marketing:

Welche anderen Podcaster:innen möchtest Du zu Dir in den Podcast einladen? Wer passt gut zu Deinem Thema und kann auch das Leben Deiner Hörer:innen bereichern?

Auf welche Veranstaltungen gehst Du demnächst, wo Du Flyer oder Sticker mitnehmen könntest?

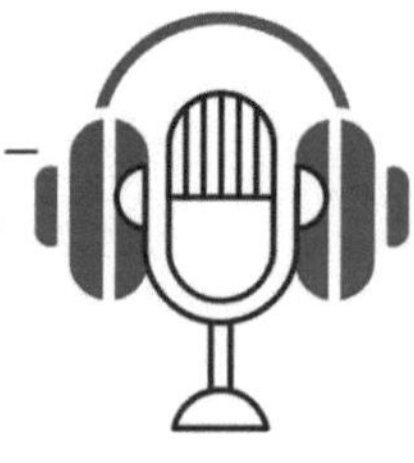

zotzmann-koch.com/book/podcasting

11

SCHRITT 7: DER TON MACHT DIE MUSIK

Welche Audioformate gibt es?

Audioformate gibt es sehr viele und alle haben unterschiedliche Eigenschaften. Beim Podcasten werden Dir voraussichtlich .wav, .flac und .mp3 begegnen. Sie unterscheiden sich vor allem in einem Punkt: Dem Detailgrad, in dem die Audiodaten in der Datei gespeichert werden und damit unmittelbar auch in der Dateigröße.

.WAV UND .FLAC SIND SOGENANNTE »LOSSLESS«-FORMATE. Das bedeutet, dass beide möglichst verlustfrei alles genauso speichern, wie das Mikrofon es gehört und das Gerät es aufgeschrieben hat. Mit allen Frequenzen, auch jenen, die das menschliche Ohr nicht wahrnehmen kann. Bei beiden Dateiformaten entstehen dadurch sehr große Dateien, weil sie auch kleinste Geräusche und alle Frequenzen, die die Mikrofone erfassen können, mit aufzeichnen und speichern.

. . .

.MP3 WURDE vom Fraunhofer Institut entwickelt und ist extra für Musik und Audiodateien im Internet gemacht. Das ist ein komprimiertes Format. Es wurde darauf optimiert, möglichst klein zu sein, um Dateigrößen und damit deren Übertragungszeiten im Internet zu verringern. Beinahe jede Podcastfolge wird als .mp3-Datei ausgeliefert. .mp3 unterscheidet sich von .flac und .wav dadurch, dass es alle Frequenzen weglässt, die das menschliche Ohr nicht oder nur schlecht hören kann. Dadurch werden die Dateien viel kleiner, weil ein ganzes Teil Informationen nicht mit abgespeichert wird.

IN WELCHEM DATENFORMAT und welcher Qualität sollte ich aufnehmen?

Solltest Du Dir ein Aufnahmegerät zulegen, wird es voraussichtlich die Möglichkeit bieten, die Aufnahmen entweder als .wav oder .mp3 zu speichern. Aufnahmen sollten nie komprimiert gemacht werden, außer man beabsichtigt, die Folgen direkt ohne Schnitt zu veröffentlichen. Denn beim Rendern, dem Erstellen der finalen Audiodatei, werden die ins Schnittprogramm eingefütterten Daten noch einmal komprimiert und das kann zu hässlichen Artefakten (Verzerrern, Sprüngen, Aussetzern etc.) führen. Besser in eine größere SD-Karte investieren, sofern Dein Aufnahmegerät diese unterstützt. Mein gutes altes Zoom H4n mag beispielsweise maximal 32GB.

Intromusik & Co

Brauchst Du ein Intro, Outro oder Soundlogo?

Ein Intro ist eine »Vorspann-Musik«, die typischerweise um die 15 oder 30 Sekunden lang ist. Die Länge ist deswegen üblich, da die meisten Podcatcher-Apps eine Vor- & Rückspulfunktion haben, die mit einem Tippen entweder 15 oder 30 Sekunden in die angegebene Richtung spulen. Bei manchen lässt sich das auch individuell einstellen, üblicherweise 30 Sekunde vor und 15 Sekunden zurück. Warum das für das

Intro relevant ist? Nun, manche Menschen kommen spät zu Deinem Podcast dazu und »bingen« dann alle Folgen am Stück hintereinander weg. Wenn Du aber vielleicht schon 30, 50 oder 200 Folgen hast, wird es mühsam, bei jeder das Intro wieder mitzuhören. Da ist es unglaublich praktisch, wenn es mit einem Tippen übersprungen werden kann und man direkt bei der Begrüßung landet.

DAS OUTRO IST EINE ABSPANN-MELODIE. Manche Podcasts haben kein Intro, aber durchaus ein Outro. Oder umgekehrt. Auch das Outro ist zwischen 15 und 30 Sekunden lang, aber hier sind die Relationen eher fließend. Manche spielen auch ganze Musikstücke zum Ausklang, die können dann auch vier oder fünf Minuten haben. Bei Musikstücken übrigens Achtung mit Gema und so, aber dazu gleich noch mehr.

EIN SOUNDLOGO IST ein ganz kurzes Audio, eine bis drei Sekunden lang. Du glaubst, das kann nicht eingängig sein? Denk mal an die Telekom. Ja, genau. Das ist ein Soundlogo.

BRAUCHST Du Musik für Deinen Podcast?

Die Kurzfassung: Nein. Außer Du bist Musiker:in, dann würde ich musikalische Elemente in Deinem Podcast durchaus erwarten.

Ein Podcast ist keine Radioproduktion, sondern ein persönliches Vertrauensformat. Eine eigene Intromusik ist schön, aber kein Muss. Genauso wie ein Outro oder gar Soundlogo. Das ist eher die Kirsche auf dem Sahnehäubchen auf der Torte.

Meiner Meinung nach sollten die Prioritäten woanders liegen. Wenn Du mal Deine Aufnahmen auf Reihe hast, dann den Schnitt, dann die Technik drumrum mit Hochladen und Folgen veröffentlichen, Dein Logo und Deinen Feed, DANN kannst Du drüber nachdenken, ob Du ein

Intro haben möchtest. Ich weiß, ich bin eine unglaubliche Pragmatikerin. Unter uns: Ich liebe es ja auch, stundenlang mit Grafikvarianten rumzuspielen oder Sound-Snippets zu einem Intro zu arrangieren. Ich hab da wirklich Spaß dran. Aber wenn ich mich nur damit beschäftige, habe ich zwar vielleicht irgendwann das perfekte Logo, ein unglaublich geiles Intro, aber noch immer keinen Podcast am Start.

WARUM DU DIR außerdem ruhig Zeit lassen kannst mit Deinem Intro oder Outro ist, dass die Hörer:innen gerne Deine Entwicklung mitverfolgen möchten. Wenn Du irgendwann in einer späteren Folge sagst, Du überlegst gerade, was für ein Intro Dein Podcast kriegen soll, dann kannst Du Deine Hörer:innen auch da wieder einbeziehen. Frag sie doch, welche Stimmung ihrer Meinung nach passend wäre für Deinen Podcast. Frag sie, was sie sich vorstellen könnten. Involviere Deine Hörer:innenschaft, mit dem Intro hast Du gleich wieder ein Thema, das Menschen begeistern kann.

Alternativ kannst Du Deine Hörer:innen auch mit Musik überraschen. Und dann die Reaktion abwarten.

Musik im Podcast

Obacht bei Musik im Podcast. Achte darauf, dass Du alles, was Du spielst, auch spielen darfst. Sprich: bei lizenzpflichtiger Musik hol Dir die Lizenz bzw. denk daran, die Stücke bei der Gema/AKM/AustroMechana zu melden. Bei lizenzfreier Musik und Creative Commons achte darauf, dass die Lizenz, unter der die Musik angeboten wird, auch wirklich zu Deinem Format passt. Es gibt Creative-Commons-Lizenzen, die eine kommerzielle Nutzung grundsätzlich ausschließen. Mach Dich vorher schlau auf der Seite des:r Künstler:in, unter welcher Lizenz die Stücke veröffentlicht sind. Die Informationen zu den einzelnen Creative-Commons-Lizenzen findest Du unter creativecommons.org/use-remix/cc-licenses.

Die meisten Lizenzen sehen zumindest eine »Attribution« vor, also Namensnennung, woher die Stücke stammen. Mindestens das sollte also immer drin sein.

Ein Testleser gab mir noch den Hinweis auf C3S, die Cultural Commons Collecting Society (c3s.cc). Das ist eine genossenschaftliche GEMA-Altenative für faire Bezahlung in der Musikbranche.

Lizenzen für Intro, Outro oder Soundlogo

Du kannst Audiosnippets für ein Intro zum Selbermischen im Internet kaufen, das kostet nicht die Welt. Einzelne kurze Geräusche oder auch »Loops«, also aneinanderhängbare Audiostücke, die dann einen langen Klangteppich bilden, bekommt man schon für einstellige Eurobeträge. Ganze Musikstücke mit passenden Lizenzen sind im unteren bis mittleren zweistelligen Eurobereich zu bekommen.

Du kannst aber auch hier auf Creative Commoms oder lizenzfreie Musik oder Töne setzen. Du kannst auch alles oder Teile davon selbst aufnehmen. Was nicht heißt, dass Du auf Deinem alten Keyboard ein bekanntes Musikstück nachspielen und das als Dein Intro aufnehmen solltest. Mit Cover-Musik sind schon andere ziemlich auf die Schnüss geflogen.

Du kannst auch eine Auftragsproduktion bei einem entsprechenden Anbieter in Auftrag geben. Da liegen die Kosten dann deutlich höher als bei Musik »von der Stange«. Eher so drei- bis vierstellig.

Ich selbst habe verteilt über vier Podcasts alles davon ausprobiert. Der DIY (»Do It Yourself«) Podcast *Desperate Househackers* und der Podcast für meine Leser:innen *Schreibtischgespräche,* kommen komplett ohne Musik aus. Für den DIY Podcast möchte ich bei Gelegenheit mal eine Musik selbst aufnehmen – DIY eben. Ich habe den *Vienna-Writer's Podcast,* bei dem ich zuerst einen Ausschnitt eines Creative-Commons-Musikstücks als Intro hatte, da hatte ich die Attribution immer ganz oben in den Shownotes angeführt. Diese Musik habe ich vor einer Weile durch eine Auftragskomposition ersetzt. Und der *Datenschutz Podcast* hat ein selbst zusammengestelltes Intro aus gekauften Audiosnippets, für die ich so die Lizenzen erworben habe.

ACHTE DARAUF, dass alles, was in Deinem Podcast zu hören ist, auch rechtlich abgesichert ist und Du nicht irgendwann eine teure Abmahnung am Hals hast.

CHECKLISTE MUSIK

Möchtest Du schon mit einem Intro starten?

☐ ja ☐ nein

Falls ja, hast Du schon Ideen, welche Art von Musik es sein soll? Welche Atmosphäre und Stimmung soll sie vermitteln?

____

____

____

____

Wenn Du Musik haben möchtest, lieber selbermachen oder kaufen?

☐ selbermachen ☐ kaufen

An die Lizenzen gedacht? ☐

12

SCHRITT 8: TECHNIK & HARDWARE

Achtung, es wird etwas technisch, aber es sieht schlimmer aus, als es ist. Versprochen.

Und vorab: Natürlich musst Du nicht gleich zu Anfang ein volles Studioequipment kaufen. Was auch immer für Dich funktioniert, ist super. Meine Empfehlung ist: Wenn Du Equipment anschaffen möchtest, investiere die Zeit, Dich vorher damit auseinander zu setzen. Welches Mikrofon passt gut zu Deiner Stimme? Welche Kopfhörer sind für Dich die passenden? Welches Aufnahmegerät ist für Dich gut? Die investierte Zeit spart am Ende mit hoher Wahrscheinlichkeit Nerven und auch Geld für Fehlkäufe oder Doppelausgaben. Lass Dich im Audioequipment-Geschäft Deines Vertrauens beraten. Falls Du noch keines hast, kann ich *Thomann* sehr empfehlen. Dort habe ich auch schon mehrfach sehr gute Beratung bekommen und sie liefern überall sehr flink hin.

Hinweis für die Audionerds: Die folgenden Erklärungen sind absichtlich sehr vereinfacht. Natürlich kann man physikalisch und technisch noch viel tiefer eintauchen und ich selbst bin ein totaler Fan alter

Audiotechnik aus den 1930er-Jahren. Die Erklärungen hier sind allerdings für Menschen, die »nur ein Mikrofon kaufen möchten«.

Mikrofone

Das Werkzeug eines:r Podcaster:in ist das Mikrofon. Deswegen hierzu ein paar grundlegende Infos. Wenn Du Dich damit beschäftigst, welches Mikrofon Du Dir zulegen möchtest, wirst Du über verschiedene Begriffe immer wieder stolpern. Deswegen möchte ich sie Dir im Folgenden grob erklären. Du kannst Dir aber schon mal merken: Für uns Podcaster:innen gibt es eigentlich nur zwei Arten von Mikrofonen: die, die eine extra Stromversorgung von außen brauchen und die, die ohne extra Stromversorgung auskommen.

WAS TUT SO ein Mikrofon überhaupt? Vereinfacht gesagt: Es wandelt Schallwellen, also winzige Luftdruckschwankungen, in mechanische Schwingungen und dann weiter in elektrische Impulse um und leitet sie weiter. Die Schallwellen sind Deine Stimme und auch was sonst noch so im hörbaren Umkreis los ist.

KONDENSATORMIKROFON

Bei einem Kondensatormikrofon treffen die Schallwellen auf eine Membran auf. Das ist in diesem Fall eine elektrisch leitende Folie, die mit winzigem Abstand gegenüber einer Metallplatte angebracht ist. Beide zusammen bilden die Elektroden eines einfachen Plattenkondensators – daher der Name. Wenn Schallwellen auf die Membran treffen, gerät diese in Bewegung und schwingt passend zu den auftreffenden Schallwellen. Dadurch verändert sich ständig der Abstand zur Metallplatte und dadurch die im Kondensator speicherbare Ladung, seine Kapazität. Diese ständige Kapazitätsänderung kann durch weitere Bauteile in elektrische Spannung umgewandelt werden, die weitergeleitet und an späterer Stelle in Schallwellen zurückgewandelt werden kann.

Phantomspannung oder Phantomspeisung

Ein Kondensatormikrofon braucht grundsätzlich eine Phantomspannung, also Energie von außen, da die eingebaute Technik mit dem Kondensator und der Umwandlung der Schallwellen in elektrische Impulse zusätzliche Energie benötigt.

Phantomspannung bedeutet, dass dem Mikrofon oder auch einem Kopfhörer oder Headset von außen elektrische Energie zugeführt wird. Das können ganz kleine Werte bis 1.5 Volt sein, wie sie zum Beispiel der Kopfhöreranschluss Deines Smartphones für die üblichen Knopf-Hörer mit eingebautem Mikro braucht. Bei »großen Mikrofonen« liegt die Phantomspannung üblicherweise bei 48 Volt. Bei manchen Geräten, wie z. B. Aufnahmegeräten, kann man die ausgegebene Phantomspannung auch einstellen, je nachdem, welches Mikrofon man anschließt. Mein Aufnahmegerät beispielsweise kann 24, 48 Volt oder »off«.

Bei einem USB-Mikrofon kommt die benötigte Phantomspannung aus dem USB-Port.

Praxistipp: Es ist grundsätzlich gut, ein Mikrofon nicht in der Hand zu halten, da es dadurch unweigerlich zu »Griff-Geräuschen« kommt. Von daher sollten alle stationär betriebenen Mikrofone in einer passenden Halterung gut festgeschraubt werden.

Kondensator-Mikrofone sind schwer. Sehr schwer. Tu Dir selbst den Gefallen und investiere im Falle des stationären Betriebs beispielsweise an Deinem Schreibtisch in eine gute Halterung. Ein ordentlicher Mikrofonarm kann € 80,- kosten, aber glaub mir, die Investition lohnt sich. Spätestens bei der zweiten Aufnahme wirfst Du nämlich die Nerven zusammen mit dem billigen Mikrofonarm weg, wenn Dir das Mikrofon alle 30 Sekunden »abhaut«. Ja, ich weiß, wovon ich rede.

. . .

Gross- oder Kleinmembran

Großmembranmikrofone sind eigentlich immer Kondensatormikrofone. Bei Kleinmembran kann es sich auch um ein dynamisches Mikrofon handeln. Die Unterscheidung ist recht banal die, ob im Mikrofon eine große oder kleine Membran verbaut ist. Ab 1 Zoll, also 2,54 cm spricht man von Großmembran. Bei allem darunter ist recht flexibel, ob die Hersteller die Mikrofone als Groß- oder Kleinmembran verkaufen.

Die Bauweise und damit auch die Richtung, aus der man auf das Mikrofon spricht unterscheidet sich zwischen Groß- und Kleinmembranmikrofonen. Eine Testleserin merkte an, dass beim Mikrofon doch immer da oben ist, wo man reinspricht. Das ist auch korrekt. Aber entweder man spricht von vorne darauf, das wäre bei Kleinmembranmikrofonen der Fall. Bei Großmembranmikrofonen spricht man von der Seite auf das Mikrofon. Zusätzlich beeinflusst die Richtcharakteristik des Mikrofons (dazu gleich mehr) die Sprechrichtung auch noch einmal. Mikrofone, die von der Seite besprochen werden, sind vorn breiter gebaut und haben in der Regel einen sichtbaren Hinweis, von welcher Richtung man auf das Mikrofon sprechen soll. Im Zweifelsfall hilft Dir die beiliegende Anleitung.

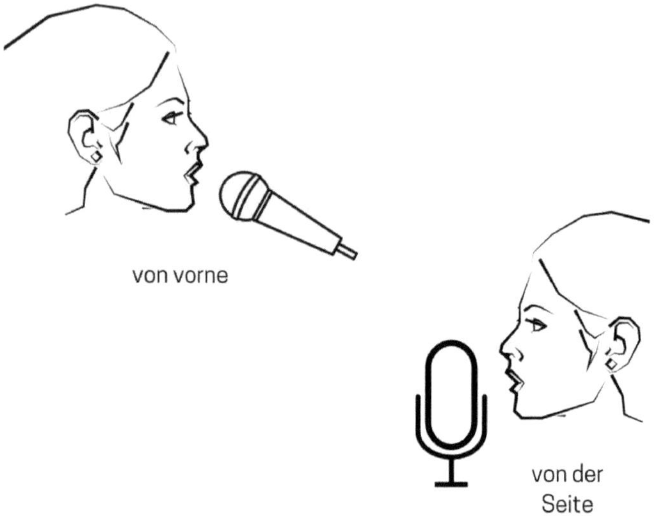

Sprechrichtung

Kondensatormikrofone haben unabhängig von der Membrangröße einen sehr großen Übertragungsbereich, der in der Regel das gesamte von Menschen hörbare Spektrum abdeckt. Wenn es um die Aufnahme von menschlicher Stimme geht, werden eigentlich immer Großmembranmikrofone empfohlen, da sie die menschliche Stimme voller und präsenter klingen lassen als alle anderen Bauarten.

Praxistipp: Geh in einen Audioequipment-Laden in Deiner Nähe und probiere unterschiedliche Mikrofone aus. Nimm eine SD-Karte oder einen leeren USB-Stick mit und lass Dir helfen, ein paar Probeaufnahmen zu machen. Hör Dir diese daheim noch einmal in Ruhe an – auch mit unterschiedlichen Lautsprechern und vor allem mit Kopfhörern. Denk dran, die meisten hören Podcasts über Kopfhörer. Wir sind ganz dicht im Ohr unserer Hörer:innen.

. . .

Mikrofonkapsel

Solltest Du beim Stöbern über den Begriff »Mikrofonkapsel« stolpern, das ist der »obere Teil« vom Mikrofon. Quasi der Verbund der Bauteile, die die Schallwellen in elektrische Spannung umwandeln. Das »Mikrofon« ist das gesamte Teil inklusive Griff, Kabelanschluss und Halterung. Für viele hochwertige Mikrofone gibt es auch Ersatzteile, die Mikrofonkapsel ist häufig eines davon.

Nieren- oder Kugelcharakteristik

Bei der Richtcharakteristik geht es darum, welcher Bereich rund um das Mikrofon wie aufgenommen wird.

Klassisch ist die Nierencharakteristik. Bei ihr wird Schall, der direkt von vorne kommt (»vorne« ist da, wo die Sprechmarkierung ist), lauter aufgenommen als was von den Seiten oder von hinten kommt. Der Aufnahmebereich ist »nierenförmig« um die Mikrofonkapsel drumrum. Das heißt, was direkt von vorne bzw. der angezeichneten Sprechrichtung in das Mikrofon gesprochen wird, hebt sich in der Aufnahme deutlich von den Umgebungsgeräuschen ab.

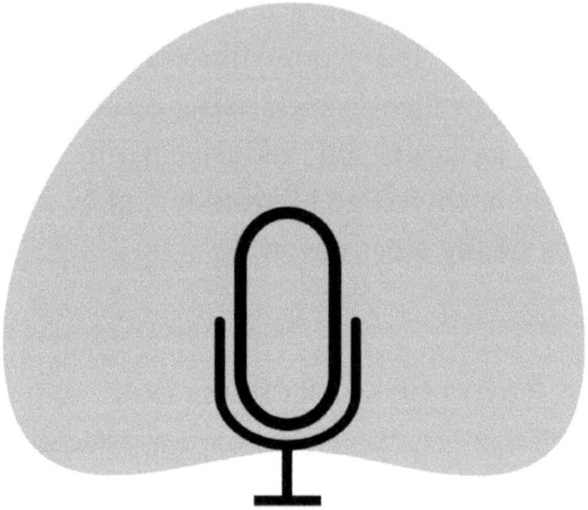

Nierencharakteristik

Kugelcharakteristik bedeutet, dass alle Bereiche um das Mikrofon herum gleich laut aufgenommen werden. Hier gibt es dann ganz besonders viel Raumklang.

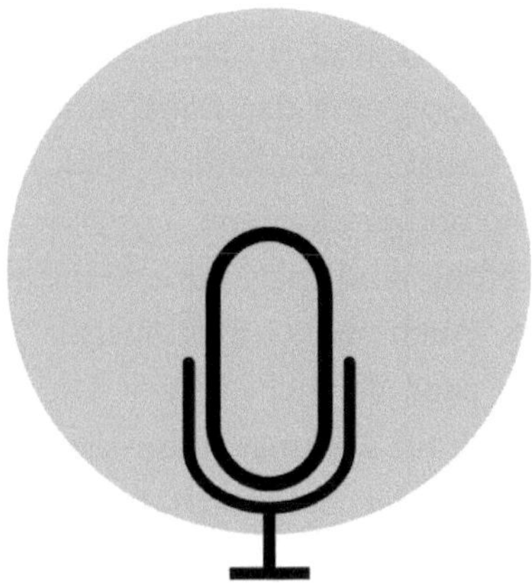

Kugelcharakteristik

Praxistipp: Für's Podcasten wird häufig ein Mikrofon mit der Richtcharakteristik »breite Niere« empfohlen.

Dynamisches Mikrofon

Dynamische Mikrofone funktionieren etwas anders als Kondensatormikrofone. Das Prinzip »Schallwelle in elektrische Spannung wandeln« bleibt, aber die Bauteile, die die Schallwellen registrieren und weiterverarbeiten sind anders. Dynamische Mikrofone arbeiten nach dem Induktionsprinzip: in einem elektrischen Leiter, der sich in einem Magnetfeld bewegt, wird eine Spannung induziert. Die beiden üblichen Bauweisen sind »Bändchenmikrofon« oder »Tauchspulenmikrofon«. Keine Panik, die Details lasse ich jetzt weg.

Dynamische Mikrofone können für uns Podcaster:innen eine preisgünstige Alternative zu Kondensatormikrofonen sein. Allerdings werden auch dynamische Mikrofone sehr schnell sehr teuer. Ein Hinweis, den ich selbst bekommen habe ist, dass Bändchenmikrofone nicht viel Schalldruck, also keine große Lautstärke aushalten und schnell Schaden nehmen können. Außerdem sind sie recht empfindlich, wenn man bei eingeschalteter Phantomspeisung das Kabel abzieht, dadurch gehen sie wohl leicht kaputt. Einige technikaffine Podcaster:innen empfehlen daher grundsätzlich Membranmikrofone.

Dynamische Mikrofone sind insgesamt recht empfindlich auf Wind und Erschütterungen. Auch die Griffgeräusche können sehr störend sein. Mach vorher ein paar Versuche, bevor Du nach einem inhaltlich supercoolen Interview drauf kommst, dass die Qualität der Audioaufnahme leider unterirdisch ist. Inhaltlich tolle Gespräche können von Griffgeräuschen am Mikrofon oder Aufnahmegerät und Windgeräuschen stellenweise bis zur Unhörbarkeit überlagert werden – und das wäre doch sehr, sehr schade.

Lavaliermikrofon

Vielleicht ist Dir auch schon der Begriff »Lavaliermikrofon« untergekommen. Das sind sehr kleine Mikrofone beispielsweise zum Anstecken, wie sie häufig bei Podiumsdiskussionen oder Fernsehaufnahmen getragen werden. Ein längeres Kabel führt dann üblicherweise in einen Funksender, der den Ton zum Mischpult der Tontechnik sendet. Auch klassische Bügelheadsets bestehen aus Lavaliermikrofonen mit Drahtbügelhalterung. Wie ich vor einer Weile lernte, kann man Lavaliermikrofone mit einem Phantomspeise-Adapter auch direkt an einem Aufnahmegerät betreiben. Denn: Lavaliermikrofone sind zumeist Kondensatormikrofone, die eine Phantomspannung benötigen.

Praxistipp: Wenn Du es Dir leicht machen möchtest, kaufst Du ein als »Podcastermikrofon« deklariertes Gerät, das auf *Amazon* und *Thomann* gute bis sehr gute Bewertungen bekommen hat. »Podcastermikrofone« sind üblicherweise Großmembranmikros mit Richtcharakteristik »breite

Niere« oder »Superniere«. Das ist zwar ein bisschen geschummelt, aber wenn Du keinen Bock auf Technik-Nerden hast, ist das durchaus verständlich. ;) Achte dennoch auf eine gute Halterung (aus Gründen!) und darauf, dass es zu Deinem übrigen Setup passt.

Kopfhörer

Kopfhörer sind das zweite *echt wichtige* Equipment beim Podcasten. Zum einen, weil Du sie manchmal stundenlang aufhaben wirst, zum anderen, weil sie einen möglichst klaren und genauen Klang haben sollten.

Je ohmer desto klar.

Okay, das war grammatikalisch schmerzhaft, aber es trifft den Punkt: Je höher die angegebene Ohmzahl der Kopfhörer, desto leiser werden sie, aber desto mehr Details hörst Du raus. Mach im nächstgelegenen Musikladen einfach die Probe auf's Exempel.

Ich bin damals mit einem USB-Stick mit ein paar Stimmaufnahmen von mir drauf in den Laden mit Audioequipment getigert und hab mir helfen lassen, die Teststation zu bedienen. Dann habe ich etwa 15 Kopfhörer durchprobiert und bin schließlich beim *beyerdynamic DT-770 pro 250 Ohm* hängengeblieben. Ich höre kleine Unreinheiten, Schmatzen, Ploppen und so weiter und das hilft mir beim Schneiden sehr. Ich gebe zu, ich schneide damit auch meine selbst eingesprochenen Hörbücher. Ich bin sehr glücklich mit dem *770 pro 250 Ohm*, nicht zuletzt weil auch sieben oder acht Stunden mit Kopfhörer und Brille problemlos gehen.

OFFEN, halboffen oder geschlossen?

Statt geschlossener Kopfhörer, die den Schall vom Raum drumrum abschirmen, kannst Du auch offene oder halboffene Kopfhörer wählen, die noch durchlassen, was im Raum um Dich rum passiert. Ich persönlich mag geschlossene und habe nie mit offenen Kopfhörern gearbeitet.

Meine allerersten Kopfhörer, die ich von meinen Eltern geschenkt bekommen hatte, waren offene Kopfhörer und das machte mich nie glücklich. Aber einer meiner Testleser empfiehlt die halboffenen *AKG K-240 MKII Studio Stereo Kopfhörer*. Die sind mit 55 Ohm auch zum Schneiden noch okay.

Praxistipp: Achte bei Kopfhörern auf Plüschbezüge statt Kunstleder, die sind weniger schwitzig im Sommer oder bei langem Tragen. Für viele Modelle kann man Plüschbezüge auch als Ersatzteil direkt vom Hersteller oder von Drittanbietern nachkaufen. Außerdem machen Plüschbezüge keine hässlichen Störgeräusche an Brillenbügeln.

Headsets

In Podcaster:innen-Kreisen sehr verbreitet ist das Podcasten mit »Hörsprechkombination«, vulgo: Headset.

Gleich vorab: diese mit Smartphones mitgelieferten »Headsets« taugen zur Not unterwegs, um eine Folge zu schneiden, die eingebauten Mikros sind allerdings üblicherweise zum Podcasten zu grottig. Ich würde sie auch aus eigener Erfahrung keinesfalls zum Podcasten empfehlen. Wenn es gar nicht anders geht und Dein:e Gesprächspartner:in nichts anderes hat, dann sind sie immer noch besser, als eventuelle Rückkopplungen, falls Ihr auf Distanz podcastet und sonst Tonausgabe und Toneingabe über die Laptoplautsprecher und -mikros liefen. Merk sie Dir vielleicht einfach als Notbehelf.

Ich habe neben Mikrofon und Kopfhörern tatsächlich noch ein Headset, das ich tatsächlich meistens zum Podcasten verwende. Die

Kopfhörer verwende ich hinterher zum Schneiden, weil ich sie gerade mit Brille bequemer finde als das Headset.

Mein erstes Headset habe ich damals auf Empfehlung von Bekannten gekauft, die dasselbe hatten: *AKG HSC-271*. Ich hatte es seit 2016 zum Podcasten. Mittlerweile habe ich ein anderes. Denn das *AKG* war über Stunden für mich einfach nie bequem und hat immer an den Brillenbügeln Geräusche gemacht, sogar mit Plüsch. Mittlerweile habe ich auch ein Headset von *beyerdynamic*.

Praxistipp: Achte beim Kauf drauf, dass das Kabel dabei ist, das wird üblicherweise getrennt verkauft.

Lass Dich von meinen Schwärmereien nicht in die Irre leiten. Das für Dich passende Equipment ist das, das für Dich und Deine Anwendungszwecke passt!

In der Podcaster:innen-Community verbreitet sind noch drei weitere Headsets. Im mittleren bis höheren Preissegment liegen die von *beyerdynamic* und *Sennheiser*. Es gibt hier jeweils mehrere und ich kann Dir nur raten, diese am besten im Musikgeschäft durchzuprobieren, wenn Du die Möglichkeit hast. Lass Dich beraten und lies auch die Testberichte im Sendegate.

Superlux HMC 660 X - das Einsteigermodell mit Bastelfaktor

Ebenfalls weit verbreitet ist das *Superlux HMC 660 X* (das mit dem roten Streifen). Dieses Headset ist sehr günstig zu bekommen, klingt aber an den meistens Setups erst einmal grauenvoll, weil es keine hohe 48 Volt Phantomspannung verträgt. Die Aufnahme wird dann wirklich »schraulig« und verzerrt. Es gibt allerdings eine Möglichkeit, auch dieses günstige Einsteiger:innen-Headset dazu zu bringen, wirklich gut zu klingen: indem es mit nur minimaler Phantomspannung zwischen 1.5 und 12 Volt betrieben wird. Dazu kann man entweder einen fertigen XLR-zu-TRRS-Adapter verwenden, womit das XLR-Headset direkt an einem Smartphone oder auch der Klinkenbuchse Deines Rechners betrieben werden kann. XLR sind die großen Audio-Stecker mit drei Pins, wie Du sie vielleicht von Bühnentechnik kennst. TRRS ist ein moderner 3,5mm Klinkenstecker.

Alternativ fängt man an, etwas zu basteln. Hierzu gibt es mehrere Foreneinträge im *Sendegate*:

Eintrag 1: -> »Profi-Klang für alle! Das HMC660 Headset richtig einsetzen - für unter 100 €«

Eintrag 2: -> »Weihnachts-Special: das HMC660X direkt an iPhone, Smartphone, Rechner anschließen«

(Die Links findest Du auch noch einmal am Ende des Buches.)

Minimales Setup

Ein guter Anfang ist es, das zu benutzen, was Du hast. Auch wenn es reizvoll und logisch erscheint: Sprich NICHT in Dein Notebookmikrofon. Nutze lieber das Smartphone oder gleich ein Aufnahmegerät. Schließlich soll das Zuhören auch Spaß machen. Sympathie und Thema tragen weit, aber richtig miese Audioqualität ist ein echter Liebestöter.

Das minimal mögliche Setup ist Dein Smartphone. Mit der eingebauten Sprachnotizen-App bist Du bereits gut für Deinen Start ins Podcaster:innen-Leben gerüstet.

Ein paar Praxistipps:

- Benutze NICHT die mitgelieferten Ohrstöpsel.
- Sprich direkt in die im Smartphone eingebauten Mikrofone.
- Mach nicht auf »Knäckebrot-Technik« (das Smartphone wie ein belegtes Knäckebrot vor Deinem Mund in der Hand halten), sondern leg das Gerät irgendwo sicher hin, wo es auch vor Erschütterungen und »Dranrumfassen« sicher liegt; zum Beispiel vor Dir auf den Tisch.

Ich hatte einmal das Problem, dass ich bei einer Aufnahme mit dem Smartphone am Ende völlig unbrauchbare Audiodateien hatte, die klangen, als hätte ich das Telefon in ein Kissen gesteckt und mit der Mikrofonseite an eine Wand gedrückt während das Gespräch im Nebenzimmer lief. Mir wurde später erklärt, dass Smartphones eine eingebaute Geräuschunterdrückung für die eingebauten Mikrofone haben und diese wohl aus ungeklärten Gründen bei der Aufnahme angesprungen ist. Die Dateien waren auch mit viel Audio-Magie nicht zu retten. Spare Dir also im Zweifelsfall die Zeit und die Nerven und mach die Aufnahme einfach gleich neu.

Eine Möglichkeit ist es, Dein Smartphone durch ein zusätzliches Ansteckmikrofon zu ergänzen. Das verbessert die Tonqualität noch ein ganzes Stück und vermindert das Risiko, dass die Geräuschunterdrückung im Telefon die Aufnahme ruiniert. Beispielsweise gibt es von *Rode* das *SmartLav+* (3,5mm Klinkenstecker/TRRS für iOS & Android).

Eine kabellose Variante ist das *Rode Wireless GO*. Es besteht aus zwei Teilen, einem Mikrofon-Clip inkl. Sender und einem Empfänger mit 3,5mm Klinkenstecker für iOS & Android. Es ist auch zur Montage am Blitzschuh von Kameras geeignet.

. . .

Für iOS-Geräte mit Lightning-Anschluss gibt es beispielsweise das Shure MV88, ein digitales Kondensatormikrofon.

Mobiles Setup: Aufnahmegerät + Mikrofon(e)

Ein mobiles Setup kann mit einem »Zwischenstück« auch am Rechner stationär betrieben werden und ist daher besonders wandlungsfähig. Deshalb habe ich mich damals dafür entschieden, mit einem mobilen Setup anzufangen und auf dieses dann weiter aufzubauen.

Das Kernstück Deines mobilen Setups ist das Aufnahmegerät. Heutzutage sind das in der Regel digitale Geräte, die die Aufnahmen als .wav- oder .mp3-Dateien auf eine wechselbare SD-Karte schreiben.

Praxistipp: Schaffe Dir mehrere SD-Karten als Backup an.

Die Aufnahmegeräte haben üblicherweise zwei Wege der Stromversorgung. Entweder über ein Netzteil mit Kabel oder über – zumeist wechselbare – Batterien bzw. Akkus.

Praxistipp: Schaffe Dir auch einen Vorrat an Akkus und ein passendes Ladegerät an.

Auch ein Ladegerät kann kaputtgehen, ebenso wie die Akkus. Bei mir endete das schon einmal darin, dass ich vor meiner Abreise zur Frankfurter Buchmesse sämtliche Akkus noch einmal aufgeladen habe, und vor Ort zu Beginn der Aufnahme darauf kam, dass das Ladegerät sie zwar als »voll« angezeigt hat, sie aber leider tatsächlich alle leer waren. Die Aufnahme brach auch tatsächlich ab und die Datei konnte ich nur mit viel Hilfe noch retten. Das war nicht schön. Ich habe damals daheim angerufen und darum gebeten, dass das Ladegerät auf dem Esstisch bitte direkt entsorgt wird. Für den zweiten Tag habe ich mir am Bahnhof noch eine Packung Batterien und eine neue SD-Karte gekauft, um später die abgebrochene Datei noch retten zu können und nicht versehentlich zu überschreiben.

MEIN TIPP für ein mobiles Aufnahmegerät ist eines, das ich selbst seit Jahren verwende: *Zoom H4n pro*. Ich habe noch eine ältere Version davon. Das *H4n pro* gibt es auch im Bundle mit Windschutz (»Trollfrisur« bzw. »Plüschmütze«) und diversen Kabeln.

EIN IN DER PODCASTER:INNEN-COMMUNITY weit verbreitetes Aufnahmegerät ist die Nummer größer mit modularen Zusatzmikrofonen, das Zoom H6.

HINWEIS: Viele verwenden ein H6 auch als Audiointerface am Rechner – also als Zwischenstück zwischen Computer und XLR Mikrofon bzw. Headset.

ICH PERSÖNLICH BIN mit dem H4n sehr glücklich, weil es unterwegs aufgrund seiner Bauform so schön auf seinem unteren Ende steht und ich es einfach zwischen meine Gesprächspartner:innen und mich auf den Tisch stellen kann, ohne noch ein kleines Stativ mitzuschleppen. Denk bei der Auswahl immer an Deinen üblichen Einsatzzweck, wie Du Dir Deine Podcast-Aufnahmen vorstellst.

. . .

Mikrofon(e)

Die Aufnahmegeräte haben alle eingebaute bzw. sogar wechselbare Mikrofone. Du kannst allerdings stattdessen auch spezialisierte Mikrofone per Kabel anschließen, wenn Du beispielsweise in lauten Umgebungen aufnehmen möchtest, um Deine Gesprächspartner:innen und Dich besser vom Rest des Schallpegels, also den Umgebungsgeräuschen, zu trennen. Beispielsweise kannst Du dann ein klassisches Reportagemikrofon, also ein handgehaltenes Mikro mit langem »Stiel«, wie z. B. das *Shure VP64 A* anschließen. Oder auch ein oder mehrere Lavaliermikrofone wie z. B. das *t.bone BodymiKe* mit einem Phantomspeise-Adapter.

Headsets

Du kannst auch XLR-Headsets an ein mobiles Aufnahmegerät anschließen. Sie sind etwas sperriger zu transportieren als ein oder zwei Lavaliermikrofone, aber grundsätzlich ebenfalls mobil einsetzbar.

Stationäres Setup mit USB

Hinweis: USB-Mikrofone können ausschließlich am Rechner verwendet werden und passen nicht an z. B. ein mobiles Aufnahmegerät.

Wenn Du Dich entschieden haben solltest, immer nur an einem Platz podcasten zu wollen, ist ein einfaches Setup mit einem USB-Mikrofon, das direkt an Deinen Rechner angeschlossen wird, ein guter Start.

Dein Setup wäre in dem Fall:

- Mikrofon
- Kopfhörer
- Dein Computer

. . .

USB-Mikrofone

Zwei in der Podcaster:innen-Community weit verbreitete USB-Mikrofone sind das *Rode Podcaster* und das *Blue Yeti*.

Halterung

Um Störgeräuschen durch Erschütterung entgegen zu wirken, werden Mikrofone oft in elastischen Halterungen (»Spinne«) am eigentlichen Stativ bzw. Mikrofonarm befestigt. Oft gibt es das Mikrofon bereits im Set mit einer solchen Spinne, manchmal wird sie auch beim Stativ bzw. dem Mikrofonarm mitgeliefert. Du kannst sie aber auch einzeln nachkaufen. Zum Beispiel die *PSM1* von *Rode*.

Praxistipp-Erinnerung: Kondensator-Mikrofone sind schwer. Investiere in eine solide Halterung wie beispielsweise den Mikrofonarm *PSA-1* von *Rode*.

Hybrid-Setup mit XLR

XLR-Zubehör kann grundsätzlich auch an den Rechner angesteckt werden, dazu brauchst Du ein »Zwischenstück«. Das kann beispielsweise ein mobiles Aufnahmegerät wie das genannte *Zoom H6* sein, oder Du verwendest ein kleines Mischpult oder ein Audiointerface. »Audiointerface« bedeutet »Vorverstärker für Mikrofone mit Phantomspeisung«.

XLR-Headsets, ebenso wie XLR-Mikrofone können auch an einem mobilen Aufnahmegerät betrieben werden. Auch die Kopfhörer passen mit dem Klinkenstecker direkt an das mobile Aufnahmegerät dran. Hiermit bist Du also sehr flexibel, wenn Du sowohl stationär als auch mobil podcasten möchtest.

. . .

Vorschlag für ein XLR-Setup, wie Du es an Deinem Schreibtisch betreiben könntest:

Headset: *AKG HSC271*

Audiointerface mit 2 Eingängen: *Focusrite Scarlett 2i2*

Alternativen

zum Headset: Mikrofon & Kopfhörer

Mikrofon: *Rode NT1-A* inkl. Spinne & Poppschutz & stabiler Mikrofonarm

Kopfhörer: *beyerdynamic DT-770 pro 250 Ohm*

Alternative zum Audiointerface: ein kleines Mischpult: z. B. *Behringer Xenyx Q1202 USB*

Günstige Setups (kann Basteln erfordern)

Okay, die letzten Versionen waren alle nicht die billigsten, aber welche, die zu guten und sehr guten Ergebnissen führen. Wenn Du gerade nicht das Budget dafür übrig hast, ist das natürlich völlig verständlich. Ich hatte damals, als ich zum Podcasting kam, noch einen recht brauchbar bezahlten Dayjob, bei dem ich das »Schmerzensgeld« dann gern in etwas investiert habe, an dem ich tatsächlich Spaß habe.

Günstiges USB-Setup

Das folgende Setup ist ein günstiges stationäres Einsteiger:innen-Setup, das nicht Dein Smartphone ist, das allerdings auch etwas Basteln beinhalten kann.

- Dein Rechner
- USB-Mikrofon: *Samson GoMic*

- Einen Mikrofonarm für leichte (!) Mikros kannst Du auch aus *IKEA* Lampen *FORSÅ* oder *TERTIAL* selbst bauen. ;)

Günstiges stationäres XLR-Mehrpersonen-Setup (max. 4 Personen)

Headset: *Superlux HMC 660 X* (das mit dem roten Streifen, 1x pro Person) – involviert eventuell Löten; es verträgt nämlich keine 48 Volt Phantomspannung, aber bis maximal 12 Volt sind okay. Mit etwas Basteln kann man es direkt am iPhone/Smartphone oder Computer betreiben oder einen fertigen Adapter verwenden, der nur 1.5 Volt Phantomspannung liefert. Siehe dazu den Abschnitt zu Headsets weiter oben.

Falls Du mit insgesamt vier Personen vor Ort podcasten möchtest, gibt es ein günstiges Audiointerface mit 4 Anschlüssen zum Beispiel von *Behringer* das *UMC404HD*. Damit sich alle vier auch über den Kopfhörer gegenseitig hören können, gibt es auch einen günstigen Kopfhörerverstärker für vier, zum Beispiel den *Swissonic Quadphone*.

Keine Panik

Ich weiß, die Technik kann erschlagend sein. Aber je nachdem, wie Dein Podcast aussehen soll, ist ohnehin vermutlich eine der oben genannten Möglichkeiten für Dich sinnvoller als der Rest. Du musst Dich also nicht mit allen Varianten bis ins Detail auseinandersetzen.

Ich habe mich damals dafür entschieden, mit einem mobilen Aufnahmegerät anzufangen und dann mit XLR weiterzubauen. Du wirst Deinen ganz eigenen Weg sicher finden. :)

Es sind wie gesagt alles nur Vorschläge und es gibt einige Sets, die man fertig kaufen kann, wo alles dabei ist, was man zum Podcasten braucht. Zu einigen davon gibt es auch Testberichte im *Sendegate*. Lass Dich gern – z. B. direkt bei *Thomann* – beraten. Das habe ich auch gemacht, als ich mein Setup für's Podcasten in der Messehalle erweitern wollte. Ich habe eine Mail geschickt: Was will ich machen? Was ist mein bestehendes Setup und was ist mein Budget? Ich habe innerhalb von 24 Stunden eine sehr ausführliche Antwort mit Vorschlägen erhalten, die ich auch direkt dort eingekauft habe. Super Service, gerne wieder.

Apropos Ausrüstung: Ich habe 2018 zwei Podcastfolgen in meinem DIY-Podcast *Desperate Househackers* aufgenommen. Eine dazu ist mit einem Tontechniker zu Technik, die andere mit einer Marketingfachfrau zu Themen und Vermarktung. Hör gerne mal rein. Auch auf der Buchdetailseite auf meiner Webseite findest Du eine stetig aktualisierte Linkliste und Equipmentempfehlungen:

https://www.zotzmann-koch.com/podcasting/

CHECKLISTE

DEINE HARDWARE

Zur Auswahl Deiner Hardware kannst Du einen Ausflug in das nächste Geschäft für Audioeqipment machen. Probiere verschiedene Mikrofone und Kopfhörer aus. Und ja, das kann tatsächlich Spaß machen!

Packliste:

- ☐ leerer USB-Stick oder SD-Karte für Aufnahmen mit unterschiedlichen Mikros
- ☐ USB-Stick oder SD-Karte mit Stimmaufnahmen von Dir zum Testhören
- ☐ Deine Arbeitsbrille, die Du zum Schneiden tragen wirst zum Testen von Kopfhörern und Headsets

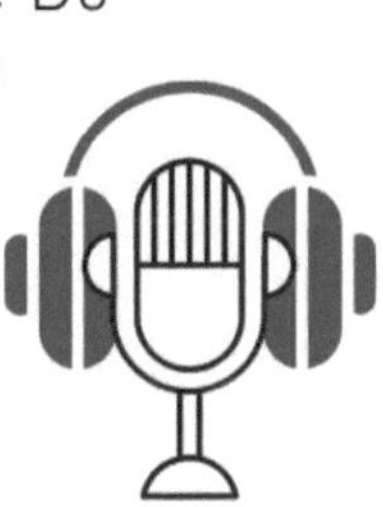

13

SCHRITT 9: SOFTWARE

Machen wir uns nichts vor: Ein Podcast ist ein Format im Internet. Da ist viel Technik drumrum und auch einiges an Software involviert. Von der Terminvereinbarung über gemeinsame Notizen zur Sendungsvorbereitung, die Aufnahme selbst, Schnitt und Nachbearbeitung und veröffentlicht werden soll es auch noch. Ganz ohne etwas Einarbeitung in das ein oder andere Programm wird es nicht gehen. Die gute Nachricht ist: Es ist machbar, ohne graue Haare zu bekommen.

Aufnahme & Speichern: Die Dateien – wo kommen sie her, wo gehen sie hin?

Der vermutlich wichtigste Teil Deines Podcasts ist die Aufnahme. Je nachdem, wie Du Deine Folgen aufnimmst, sind unterschiedliche Geräte oder Softwarelösungen involviert.

Aufnahme mit dem Telefon und Übertragen an den Rechner zur Weiterbearbeitung

Die einfachste Variante für den Start ist die Aufnahme mit Deinem Smartphone. Du hast also den »Record«-Button gedrückt, Du hast aufgenommen, Du hast die Aufnahme beendet. Und nun? Nun steckt eine Audiodatei in Deinem Telefon. Vielleicht synchronisiert sie auch automatisch in die Hersteller-Cloud. Denk an Deine Mitpodcastenden, denn die Hersteller-Cloud ist, ebenso wie z. B. *Dropbox*, ein US-Produkt. Hast Du von allen die Einwilligung, dass ihre sensiblen Daten in ein Drittland exportiert werden?

Du kannst diese automatischen Uploads ausschalten und das würde ich Dir auch empfehlen. Übertrage die Aufnahmen stattdessen per Kabel oder in Deinem eigenen (!) passwortgesicherten WLAN daheim auf Deinen Rechner. Nutze keine offenen WLANs in Cafés; wer weiß, wer »mithört«, wenn Du Daten überträgst.

Cloud-Speicher

Cloud-Speicher sind praktisch, keine Frage. Die Free Software Foundation Europe sagt es allerdings sehr treffend: »There is no cloud, just other people's computers.« (Es gibt keine Cloud, nur die Rechner anderer Leute.) Das heißt, bei Cloud-Speicher reden wir immer davon, dass Deine Daten auf fremden Computern abgespeichert werden. Achte darauf, dass dabei nicht auch Nutzungs- oder Veröffentlichungsrechte an den Cloud-Anbieter übertragen werden, wie das bei US-Dienstleistern oft der Fall ist!

Wenn Du gerne einen Cloud-Speicher hättest, der vielleicht auch automatisch Deine Daten sichert, empfehle ich Dir eine eigene *NextCloud*. Die gibt es für kleines Geld (ab ca. € 3,- pro Monat) bei verschiedenen Hosting-Anbietern, beispielsweise bei *Windcloud, Uberspace, Hetzner* oder *GreenWebspace.com*. Achte darauf, dass der Anbieter in Europa sitzt, das macht es Dir viel einfacher, DSGVO-konform Deinen Podcast zu betreiben.

. . .

Eine *NextCloud* löst Dir auch gleich einen Stapel weiterer Anwendungsfälle, wie beispielsweise die Möglichkeit, Dein Adressbuch hier zu speichern statt in der Hersteller-Cloud Deines Telefons. Außerdem kannst Du hier Deinen eigenen Kalender hosten und musst nicht die Geburtsdaten, Namen, Telefonnummern … anderer Leute der Hersteller-Cloud Deines Telefons überlassen. Eine *NextCloud* ist ein wahrer Vielkönner und wird Dir auf längere Sicht viele Scherereien ersparen. Die Kernfunktion, ein Cloud-Speicher zu sein, gibt Dir die Möglichkeit, Mitpodcastenden einen Ordner freizugeben, wo sie ihre lokalen Aufnahmen hochladen können, Du kannst selbst fertig geschnittene Folgen zum Testhören mit Mitpodcastenden oder eingeladenen Menschen teilen und größere Dateien an andere Menschen zum Download freigeben. Eine eigene *NextCloud* ist für mich mittlerweile zum fixen Bestandteil meiner Workflows geworden und ich würde sie nie wieder missen wollen.

Mit einer eigenen *NextCloud* kannst Du die Aufnahmen aus Deinem Telefon ebenfalls via *NextCloud* Sync auf Deinen Rechner übertragen.

Praxistipp: Wie bei allem anderen gilt auch beim Podcasten: Kein Backup, kein Mitleid. Mach Backups, mindestens von dem, woran Du gerade arbeitest, schon gemachten Aufnahmen/Interviews, die noch zu schneiden sind, Deinen fertig geschnittenen Folgen und gegebenenfalls den gesprochenen Einwilligungen Deiner Mitpodcastenden. Immerhin kann sowohl Dein eigener Rechner als auch der Server – egal ob bei einem gekauften Hostingservice oder auch der, auf dem Deine eigene Webseite inklusive Podcast liegt, als auch der Server Deines Cloud-Speichers – kaputtgehen, Datenverlust erleiden, was auch immer. Backups sind auch bei Cryptotrojanern und allem, was Deinem eigenen Rechner sonst noch so passieren kann, der einzig sichere Weg, um Datenverlust zu minimieren.

· · ·

SCHNITT & Nachbearbeitung

Für Schnitt und Nachbearbeitung hast Du voraussichtlich die größte Neuerung vor Dir, falls Du bisher noch nichts mit Audiobearbeitung zu tun hattest. Es ist ein wenig gewöhnungsbedürftig, aber schnell zu lernen.

DIE PROGRAMME, mit denen Du Audiodateien bearbeitest, werden »Digital Audio Workstations« (DAW) genannt. Der größte Unterschied zu allen anderen Programmen, mit denen Du sonst zu tun hast, ist vermutlich, dass Du den Inhalt, den Du bearbeitest, nicht siehst. Also schon, aber nur als Wellenlinie (»Hüllkurve«).

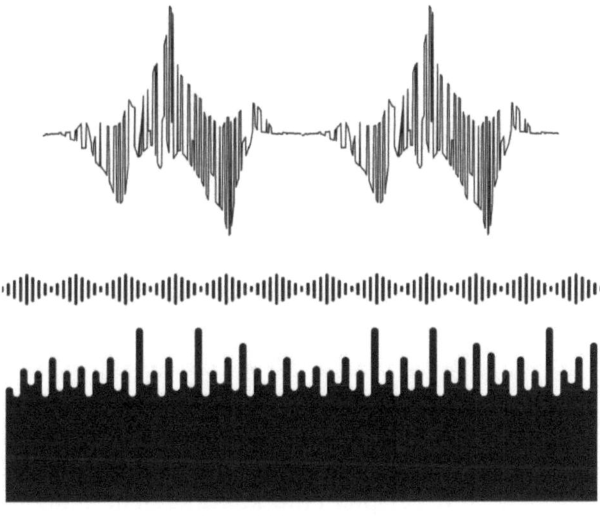

Hüllkurven

Du siehst nicht, welches Wort wann gesprochen wurde, nur die Unterschiede in der Lautstärke. Bei Bild- oder Textbearbeitung kannst Du Dich auf Dein Auge verlassen, bei Audiobearbeitung hakt es da gewaltig. Irgendwann wirst Du die Unterschiede in den einzelnen Wortlängen sehen, aber nur über die Optik eine Audiodatei zu bearbeiten ist eher ... optimistisch.

Praxistipp: Wenn Du Dich versprochen hast, hör auf zu reden und mach ein paar Sekunden Pause. Eine Pause siehst Du in der Wellenlinie leichter als alles andere. Und wenn Du dann im Schnittprogramm eine längere Stille siehst, weißt Du, dass Du an der Stelle etwas schneiden musst.

Schnittprogramme

Schnittprogramme gibt es einige, vier sind in der Podcaster:innen-Community weit verbreitet.

Ardour (Windows/Mac/Linux)

Ardour ist eine Open-Source-Lösung, die durch Spenden finanziert wird. Gerade bei jenen, die mit Linux arbeiten, ist *Ardour* weit verbreitet. Es ist auch für Windows und Mac verfügbar und bietet als gratis bzw. durch Spenden finanziertes Projekt einen kostengünstigen Einstieg.

Eine Anmerkung zu *Freier Software* (»free as in freedom«) oder auch Open-Source- und Community-Software: Freie Software ist gut, weil sie keine »Haken« hat, zum Beispiel eine kommerzielle Nutzung untersagt ist. Außerdem verwendet Open-Source-Software freie Dateiformate, die den Austausch und die Zusammenarbeit mit anderen deutlich erleichtern.

Dazu kommt ein weiterer, für uns Kreative durchaus relevanter Aspekt: Open-Source-Software ist üblicherweise durch Spenden finanziert. Viele Kreative haben oft nicht viel Geld und der Griff zur freien

Software ist schon aus Budgetgründen naheliegend. Wenn einige, die etwas mehr finanziellen Puffer haben, eine etwas größere Spende einwerfen, ist allen geholfen; zum einen den Entwickler:innen, die viele Stunden, Tage, Monate und Jahre in die Entwicklung und Verbesserung der Software stecken und in dieser Zeit keine Kundenprojekte bearbeiten können. Viele verbringen weite Teile ihrer Nächte, nachdem sie die Kinder ins Bett gebracht haben, mit der Weiterentwicklung ihrer Open-Source-Software. Das sollte uns, wenn möglich, eine Spende wert sein, wenn wir die Software regelmäßig nutzen. Zum anderen hilft das auch, dass die Software für all jene gratis bleiben kann, die es sich vielleicht nicht leisten können, eine Spende zu geben. Wenn Du es Dir leisten kannst, eine Spende für ein Programm, das Du regelmäßig nutzt, zu geben, tu dies. Das hilft allen.

Audacity (Windows/Mac/Linux)

Audacity ist ein sehr weit verbreitetes Schnittprogramm. Die Betonung des Namens liegt übrigens auf der zweiten Silbe, dem »da«. Das englische Wort bedeutet »Wagemut« oder »Kühnheit« und hat nichts mit »Cities«, Städten, zu tun. *Audacity* bietet einen guten Einstieg in die Audiobearbeitung. Es steht allerdings mittlerweile hinter *Ardour* in der Empfehlungsliste, weil es vor einer Weile von einem chinesischen Konzern übernommen und gleich mit Analysen und Übertragung der Nutzungsdaten ausgestattet wurde. Außerdem Vorsicht beim Runterladen, denn die Domain audacity.de scheint schon vor einer Weile gekapert worden zu sein und verteilt immer wieder mal Malware.

Garageband (MAC)

Garageband ist das bei *MacOS* mitgelieferte Audioschnittprogramm von *Apple*. Es ist ebenfalls gratis, allerdings nicht, weil es Open-Source wäre, sondern weil es zur »Grundausstattung« der Kreativen gehört, die *Apple* als seine Zielgruppe definiert hat. Wobei »gratis« hier bedeutet, dass man es durch den Kauf der *Apple* Hardware bereits mit finanziert hat.

Reaper + Ultraschall (WINDOWS/MAC/LINUX)

Eine Lösung aus der Podcaster:innen-Community ist *Ultraschall*. *Ultraschall* ist ein Plugin, also eine Software-Erweiterung zu *Reaper*, einem kostenpflichtigen Programm zur Audiobearbeitung. Die Lizenz kostet einmalig um die $ 65,- und gilt für alle Versionen bis zur nächsten größeren Release (beim letzten Mal waren das ca. 6 Jahre). Die Kosten halten sich also noch im Rahmen. *Reaper* ist das eigentliche Schnittprogramm, *Ultraschall* wandelt die Oberfläche um, damit alles für Podcaster:innen Wichtige mit einem Mausklick erreichbar ist und alles, was wir nicht brauchen, ausgeblendet wird. Es gibt sehr gute Anleitungen hierzu sowohl im *Sendegate* als auch auf ultraschall.fm.

DANEBEN GIBT es noch eine ganze Reihe weiterer Programme wie beispielsweise *Hindenburg*, das aus dem journalistischen Bereich kommt. Oder *Cubase*, das schon sehr lange auf dem Markt ist. Grundsätzlich gilt für DAWs wie bei allem anderen auch, dass das das Richtige ist, was Du entweder schon hast oder womit Du arbeiten kannst. *Du kannst bei der Auswahl nichts falsch machen.* Schau Dir vielleicht einfach die Programme der Reihe nach an. Die Open-Source-Programme sind ohnehin gratis als Vollversionen herunterladbar und falls Du mit einem Mac arbeitest, kannst Du *GarageBand* ebenfalls kostenfrei herunterladen, falls es nicht ohnehin schon in der Standardinstallation vorhanden ist. *Reaper* hat eine

60 Tage Testversion (Stand April 2022), das *Ultraschall*-Plugin ist wiederum gratis.

Das Schneiden selbst

Das Schneiden funktioniert in allen DAWs grob gleich. Du markierst eine Stelle, an der Du schneiden willst, kürzt dann den Versprecher, das Husten etc. raus und ziehst den Rest der Tonspur um den Teil dann nach vorne. So weit, so überschaubar. Manche Programme machen den letzten Schritt auch schon automatisch, wenn Du einen Teil rausschneidest, ziehen sie den Rest der Aufnahme nach vorne und schließen ihn direkt an.

Typischerweise schneidest Du am Anfang die drei Versuche, die Begrüßung zu sprechen weg, der vierte, geglückte Versuch bleibt drin.

Wenn Du Stellen hast, wo Du zum Beispiel einen Mixer bedienst, weil Du Deinen Zuhörer:innen gerade erklärst, wie man Pappmaché macht oder einen Bananenmilchshake, da würdest Du auch den Großteil des lauten Teils herausschneiden, die »Schnittkanten« ausblenden und in der Mitte eine Sekunde Stille lassen. Der zweite Schnitt und das Wiedereinblenden liegt dabei kurz bevor das Mixen vorbei ist. Ich glaube, Du weißt, was ich meine.

Was Du ebenfalls typischerweise wegschneiden würdest, ist das Klickgeräusch am Ende, wo Du die Aufnahme beendest.

Ähms und Ähs und Versprecher

Ich hab am Anfang noch versucht, so viele Ähms und Ähs und Verprecher rauszuschneiden wie möglich. Ich hab's aufgegeben. Grobe Versprecher schneide ich natürlich noch immer raus. Oder manchmal auch, wenn ich mich irgendwo geirrt habe und eine Info nicht korrekt ist, die *nicht* im folgenden Gespräch aufgeklärt wird. Wenn das Gespräch aber unbeirrt weiterläuft und mein:e Gesprächspartner:in mich gleich darauf verbessert, lasse ich es natürlich drin. Erstens ist Irren menschlich und zweitens ist die korrekte Information dank meines:r Gesprächspartner:in ja drin. Ja nu, dann hab ich mich halt verhaspelt oder etwas nicht ordentlich gewusst. Ich weiß, Fehlerkultur ist in unserem Kultur- und Sprachraum wenig verbreitet. Die Alternative ist, dass Du pro Folge achtmal soviel Zeit ins Schneiden steckst, wie das fertige Audio am Ende lang ist. Das geht natürlich ebenfalls.

APROPOS ZEIT

Ich höre mir tatsächlich in der Produktion die Folgen alle noch einmal komplett an. Allerdings auf doppelter Geschwindigkeit.

Zur Erinnerung: Pro Folge solltest Du in etwa die drei- bis vierfache Folgenlänge für die Erstellung einplanen. Also wenn Du eine Folge von einer Stunde hast, dann stecken drei bis vier Stunden Arbeit drin: Vorbereitung, die Aufnahme selbst, Schnitt & Nachbearbeitung, Shownotes schreiben, eventuell Fotos machen oder raussuchen, Links und Quellenverweise raussuchen, veröffentlichen. Ohne Transkript. Transkripte sind viel Arbeit; deswegen haben bei mir auch nur wenige Folgen ein volles Transkript.

Kapitelmarken

Kapitelmarken sind ziemlich genau das, wonach es klingt: Die Kapitelanzeiger in Deinem Audioformat. Ich finde diese sehr angenehm und hilfreich, wenn ich in den Podcasts anderer Leute – oder auch in meinen eigenen! – nach bestimmten Inhalten suche. Oder vielleicht hab ich heute mal keine Zeit, das gesamte Intro, die Begrüßung und das »personal update« zu hören, sondern will sofort zum Interview mit dem:r Gäst:in springen. Dazu sind Kapitelmarken extrem hilfreich.

. . .

Der eigentliche Grund, warum ich jede Folge noch einmal komplett höre ist, weil ich gleich beim Schneiden die Kapitelmarken setze. Es gibt Podcaster:innen, die schaffen es, beim Gespräch eine Notiz zu machen, an welcher Stelle in der Aufnahme (»Minute 32:42«) das Thema wechselt. Für Interviewformate kann sich das anbieten, immer gleich bei der neuen Frage eine Notiz zu machen, oder, falls Du direkt ins Aufnahmeprogramm aufnimmst, eine Kapitelmarke zu setzen. Ich kann das nicht, darum mache das beim Schnitt.

Du kannst auch erst einmal ohne Kapitelmarken starten und Dich in die ganze Technik reinfuchsen. Ich habe auch erst viel später angefangen, Kapitelmarken zu setzen. Dann haben Deine Folgen eben erst ab Folge 16 Kapitelmarken. Es ist ein Podcast. Menschen erwarten Authentizität und Ehrlichkeit und keinen überbordenden Perfektionismus. Außerdem haben Deine frühen Fans gleich wieder etwas, worüber sie sich freuen können: »Oh, cool, es gibt jetzt Kapitelmarken!«

Die Nachbearbeitung

Nach dem Schnitt kommt noch die Nachbearbeitung. Du kannst Dich etwas in Audiotechnik hinein-*nerden* und etwas herumexperimentieren. Das kann auch echt Spaß machen, aber ich verstehe, wenn Du eigentlich »nur einen Podcast machen« willst.

Solltest Du auf's Experimentieren stehen, ein **Praxistipp**: Bei summenden oder dauernden Hintergrundgeräuschen kannst Du Dir überlegen, einen Gate-Filter schon vor dem Schnitt über die Spur(en) zu legen. Dieser macht, dass Geräusche, die unterhalb einer bestimmten Lautstärkeschwelle liegen, nicht wiedergegeben werden. Erst wenn diese eine bestimmte Schwelle überschreiten (das »Gate«, also Tor), dann werden sie hörbar. So ersparst Du Dir das kleinteilige Herausschneiden mancher kleiner Störgeräusche, die mit dem Filter einfach nicht aufkommen. Aber Achtung, wenn jemand leise spricht, kann es sein, dass diese:r Teilnehmer:in dann ebenfalls nicht hörbar ist oder erst mitten im Wort oder Satz dann einblendet. Das ist für die Zuhörer:innen dann doof. Die Vorab-Anwendung des Gate-Filters ist nicht in allen Fällen sinnvoll.

Eine weniger coole, aber auch effektive Möglichkeit ist, sich auf Spurensuche zu begeben, woher die Störgeräusche kommen. Zum Beispiel von einem Netzteil. Auch für solche Probleme gibt es im *Sendegate* gute Workarounds.

FÜR ALLE, die nicht so auf das Erlernen von Audio-Magie stehen, heißt das Zauberwort »Auphonic«. *Auphonic* ist ein weiteres Projekt aus der deutschsprachigen Podcaster:innen-Community und ein Service, der automatisiert Deine Audiodateien optimiert. Normalisieren – also Lautstärkenangleich, falls die Gesprächspartner:innen unterschiedlich laut sind –, Rausch- und Geräuschunterdrückung, Filter, die die menschliche Stimme voller klingen lassen etc. Du lädst einfach Deine Datei hoch, gibst die Metadaten ein; für wiederkehrende Metadaten kannst Du auch eine Vorlage erstellen.

PRAXISTIPP: Denk dran, auch in *Auphonic*-Presets jedes Jahr im Januar die Jahreszahl beim Copyright hochzustellen. ;)

DANN LÄDST Du Deine fertig geschnittene Audiodatei und Deine Kapitelmarken hoch und gibst an, welche Formate Du gern als Ausgabe hättest. Neben .mp3 gibt es auch die Möglichkeit, Videoformate zu erstellen. So kannst Du zum Beispiel in einem Arbeitsgang auch ein Video Deiner Folge produzieren lassen, beispielsweise Wellenlinie vor statischem Hintergrundbild. Und danach passiert alles auf Knopfdruck.

Der Entwickler von *Auphonic* ist in Österreich beheimatet, es handelt sich also um einen EU-Service, der auch ordentlich auf die sensiblen

Stimmdaten Deiner Gesprächspartner:innen vor der Veröffentlichung aufpasst.

Bei *Auphonic* hast Du jeden Monat zwei Stunden Audiolänge gratis. Darüber hinaus gibt es entweder Stundenpakete oder auch monatliche Abos. Ich bin jahrelang mit den zwei Stunden im Monat ausgekommen.

Tipp: Es gibt die Möglichkeit, *Auphonic*-Stunden zu verschenken. Viele Podcasthörer:innen spenden *Auphonic*-Stunden an ihre Lieblingspodcaster:innen. Das ist nicht nur eine nette Geste, sondern führt auch dazu, dass die Audioqualität der Podcasts im Durchschnitt ein wirklich angenehm hohes Maß erreicht hat.

Software-Vorschläge und Alternativen

Ich habe hier eine Liste häufig verwendeter Softwarelösungen, die auch im Podcaster:innen-Umfeld an der ein oder anderen Stelle zur Terminabsprache, Kommunikation mit Gäst:innen, für gemeinsame Notizen zur Vorbereitung, während der Sendung und als Grundlage für Shownotes etc. verwendet werden. Viele davon sind datenschutzmäßig problematisch. Weil doch auch immer Menschen fragen, was man denn stattdessen verwenden kann, hier eine – sicherlich nicht vollständige – Liste an Möglichkeiten:

~~Slack~~ -> Mattermost

~~Google Docs~~ -> Etherpad, CryptPad

~~Gmail~~ -> Posteo, Mailbox.org, Tutanota

~~Google Calendar~~ -> NextCloud Calendar, Kalender von Posteo, Mailbox.org oder Tutanota

~~WeTransfer~~ -> NextCloud

~~Dropbox~~ -> NextCloud

~~Google Drive~~ -> NextCloud

~~Microsoft One Drive~~ -> NextCloud

~~Doodle~~ -> Nuudel (Digitalcourage)

~~Skype~~ -> Studio-Link, Jitsi, BigBlueButton
~~Zoom~~ -> Studio-Link, Jitsi, BigBlueButton
~~Facebook~~ -> Mastodon
~~Instagram~~ -> Pixelfed
~~Soundcloud~~ -> Funkwhale, Wordpress & Podlove, Podigee
~~YouTube~~ -> PeerTube
~~Anchor~~ -> Wordpress & Podlove, Funkwhale, Podigee
~~TuneIn~~ -> Wordpress & Podlove, Funkwhale, Podigee
~~Spotify~~ -> Wordpress & Podlove, Funkwhale, Podigee
~~Stitcher~~ -> Wordpress & Podlove, Funkwhale, Podigee
~~Audible~~ -> Wordpress & Podlove, Funkwhale, Podigee
~~Facebook Spendenservice~~ -> Liberapay, Steady
~~Patreon~~ -> Liberapay, Steady
~~Paypal~~ -> Liberapay, Steady

Die Liste an guten und freien Alternativen zu »Datenkraken« kann sicherlich noch erweitert werden und ich freue mich, wenn Du mir Bescheid gibst, wenn es etwas Neues für die nächste Auflage oder für die aktuelle Linkliste auf der Webseite zu ergänzen gibt.

Dein Fahrplan zum eigenen Podcast

CHECKLISTE

DEINE SOFTWARE

- [ ] AGB gelesen?
- [ ] Datenschutzbestimmung gelesen?
- [ ] Im Falle von Online-Notizen den Link zum Mitmachen an alle Mitpodcastenden verteilt?
- [ ] Vor dem ersten Interview über's Netz alles einmal durchgestetet?

zotzmann-koch.com/book/podcasting

Dein Fahrplan zum eigenen Podcast

CHECKLISTE SCHNITT

- Alle Spuren da? (Double-Ender) ☐
- Double-Check: Backup da? ☐
- Falls vorhanden: Intro und/oder Outro da? ☐
- Besser nochmal durchhören: Alles raus, was raus soll und alles andere noch da? ☐
- Kapitelmarken gesetzt und bei späteren Änderungen auch nichts verschoben? ☐
- Beim Rendern alle Spuren dabei? Richtige Abspielgeschwindigkeit gesetzt, falls Du beim Schneiden mit z.B. 1.5-facher Geschwindigkeit gehört haben solltest? ☐

zotzmann-koch.com/book/podcasting

14

SCHRITT 10: AUFNAHME

Die Aufnahme ist der Kernpunkt Deines Podcasts. Wenn Du viele Podcasts hörst oder bis hierher aufmerksam gelesen hast, wirst Du wissen, dass es so viele verschiedene Möglichkeiten gibt, eine qualitativ gute Aufnahme zu erstellen, wie es Podcaster:innen gibt. Und das sowohl live, solo, mit Gäst:innen, mit Gäst:innen über Distanz über das Internet, schnell »aus der Hüfte« mit dem Smartphone, mit Studioequipment in einer extra gebauten Sprecherkabine … Ja, letztere gibt es auch noch, dazu kommen wir gleich. Und nein, die brauchst Du nicht mit einplanen, das ist die Profivariante für Menschen, die vielleicht auch noch Hörbücher einsprechen wollen. Alles gut. Mit dem Smartphone aus der Hüfte reicht für den Anfang total.

Und: Auch mit ganz viel Routine kann – und wird! – immer wieder etwas schiefgehen. Alles andere wäre nicht normal. Mach Dich also nicht kirre, Du befindest Dich in guter Gesellschaft.

Raumklang, Hall und was sonst noch schiefgehen kann

Jetzt kommen wir ein weiteres Mal an die Stelle, wo es darum geht, *wo* Du aufnimmst. »Am Schreibtisch« heißt ja noch nichts. Meiner steht beispielsweise im Wohnzimmer in einer Gaube. Unsere Wohnung ist baulich spannend. Es gibt quasi keinen Hall in der ganzen Wohnung – außer in dieser Gaube im Wohnzimmer. Aber da passt der Schreibtisch nun einmal gut hin, hat Licht und so weiter. Hall ist allerdings der Endgegner beim Aufnehmen. Deswegen fange ich auch mit ihm an, damit Du darauf gleich achtest. Man kann alles Mögliche auch nachträglich noch aus einer Aufnahme rausschneiden oder zumindest erträglich(er) machen, aber Hall kriegt man nie wieder raus. Achte von daher darauf, dass Deine Aufnahme nach Möglichkeit in einer nicht hallenden Umgebung stattfindet; vorausgesetzt Du willst nicht gerade absichtlich den Klang innerhalb einer gothischen Kathedrale haben.

Unsere Gaube habe ich mit zwei *IKEA* Tagesdecken für zusammen knappe € 30,- »gefixt«. Ich habe sie in Falten an die Wände der Gaube rechts und links vom Fenster getackert. Ja, getackert. Dazu noch Rollos an die Fenster und schwupps, war der Hall weg.

Davor hatte ich mich im Internet etwas schlaugelesen zu »Akustikelementen«. Vielleicht kennst Du das aus Hörsälen oder Besprechungsräumen: Wandpaneele mit Löchern drin, irgendwelche geometrischen Teile, die von der Decke hängen, stoffbespannte Raumtrenner etc. Das nimmt auch in lauteren Umgebungen wie beispielsweise Großraumbüros viel Klang raus. Allerdings sind käuflich erwerbbare Akustikelemente üblicherweise sauteuer. Geld, das ich lieber in technisches Equipment gesteckt habe. Denn grundsätzlich sind die Dinger zwar oft ganz chic, aber nicht notwendig, um den gewünschten Effekt zu erzielen. Vorbehaltlich natürlich, Du möchtest keinen Musikprobenraum aufbauen, in dem an sechs Tagen die Woche zwölf Stunden täglich lärmtechnisch die Hölle los ist, wo allerdings nebenan ein Meditationszentrum liegt. Da brauchst Du dann eine größere Keule mit Bassbrechern etc.

Gehen wir von einfachen Stimmaufnahmen aus. Was Hall schluckt sind unebene Oberflächen und Stoff. Ein Bücherregal, in dem die Bücher etwas unordentlich drinstehen, wo eins etwas tiefer im Regal ist als das daneben, ist beispielsweise schon ein enormer Hallschlucker. Polstermöbel und Teppiche ebenfalls. Schwere Vorhänge und Gardinen oder Rollos können auch noch einmal helfen, Hall zu reduzieren. Fenster sind trotz ihrer glatten Oberfläche nicht so schlimm wie eine geflieste Wand oder der geflieste Boden, weil sie beim Auftreffen von Klang ein bisschen mitschwingen statt ihn direkt zurückzuwerfen.

Portable »Absorber«, »Diffusor« oder »MicScreens«

Es gibt auch »MicScreens«, also »Mirkrofon-Schirme« zu kaufen. Die sehen oft richtig professionell aus und machen was her. Ich hab mir auch lange Zeit eingebildet, dass ich so etwas sehr gerne hätte. Bis ich bei einem Sprecherjob beim Kunden dann mal mit so etwas arbeiten musste. Nun ja. Das Ding war die ganze Zeit im Weg, ich sah den Text nicht, den ich einsprechen sollte und hantierte dann mit Zetteln um den Schirm herum. Es war eine Katastrophe. Wenn Du vorhast, mit Notizen oder gar komplett vorgeschriebenem Text zu arbeiten, kann ich solche Mirkofon-Schirme nicht empfehlen.

Menschen berichteten, dass es klappen kann, wenn der Mikrofon von oben in den MicScreen gehängt ist und man mit den Zetteln von unten arbeitet. Ich rate in jedem Fall dazu, das vorab in einem Musikgeschäft auszuprobieren.

Praxistipp: Wenn Du gerade Deine ersten Aufnahmen machen möchtest und unsicher bist, was der beste Platz für die Aufnahme ist, weil Du viele glatte Flächen und Hall in der Wohnung hast, brauchst Du deswegen nicht den Start Deines Podcasts zu verschieben. Sprich in

Deinen Kleiderschrank. Das ist mit sehr höher Wahrscheinlichkeit die akustisch beste Umgebung, die Du zur Verfügung hast. Es gibt Podcaster:innen, die machen das jahrelang so. Zu Beginn von Corona gab es lange Social-Media-Threads, wo Radiomoderator:innen ihre Homeoffice-Schrank-Setups zeigten. Du bist damit also in guter Gesellschaft.

Vorgeschriebene Texte und Notizen

Notizen sind gut, sie helfen Dir, beim Thema zu bleiben und Dich an die wichtigen Details zu erinnern. Für Solofolgen oder wenn es um bestimmte Themen geht, mache ich manchmal mehr und manchmal sogar sehr viele Notizen. Das ist schlicht und einfach abhängig davon, wie viel Ahnung ich von einer Materie habe. Was Du für Dich brauchst, oder auch nicht, wirst Du mit der Zeit selbst herausfinden. Wenn Du mit anderen gemeinsam podcastest, bieten sich Online-Notizen an, auf die alle zeitgleich zugreifen können, z. B. in sogenannten »Pads« wie Etherpad oder CryptPad.fr.

Handschriftliche Notizen und Notizen unterwegs

Es ist völlig in Ordnung, bei Interviews Notizen zu machen. Mehr noch: Es ist professionell, das zu tun. Wenn ich zu Interviewgäst:innen fahre oder auch, wenn diese zu mir kommen oder wir uns draußen irgendwo treffen, dann habe ich üblicherweise mein BulletJournal dabei. Darin habe ich mir die Fragen, die ich unbedingt stellen möchte, notiert, ebenso wie ein paar Eckdaten zur Person, die für das Gespräch interessant sein könnten. Während des Gesprächs schreibe ich weitere Notizen dazu, um im Laufe des Gesprächs darauf noch einmal zurückkommen zu können und streiche Notizen durch, die schon besprochen wurden.

Sketchnotes

Eine andere Möglichkeit, Notizen zu machen, sind Sketchnotes. Das sind kleine Zeichnungen, die die Inhalte des Gesprochenen wiedergeben. Quasi schnell gekritzelte Illustrationen der Inhalte. Ich kann leider nicht gut zeichnen, aber es gibt sehr begabte Menschen, die das sogar bei Livepodcasts vor der Kamera tun. Oder bei Konferenzen die einzelnen Vorträge im Bild festhalten. Ich verneige mich vor allen, die dafür ein Händchen haben.

Vielleicht bist Du ja eine dieser Personen. Und wenn Deine Kreativität Zeichnen beinhaltet, ist das mit Sicherheit ein tolles Alleinstellungsmerkmal für Deinen Podcast, wenn Du pro Folge auch eine Sketchnote mit den Inhalten anfertigst. Vielleicht möchtest Du diese ja auch als Episoden-Cover anlegen?

Notizen und Texte bei stationären Aufnahmen

Du erinnerst Dich an meine Anekdote mit dem MicScreen beim Sprecherjob? Ewig war das Ding im Weg, Zettelrascheln und lahme Arme, dass ich den Text über oder neben dem Schirm sehen konnte etc. Ja genau. Hat mich total genervt.

Vor einer Weile habe ich gelesen, dass professionelle Sprecher:innen mit Tablets arbeiten. Sie lesen zumeist von PDFs ab, in denen sie sich vorher Betonungszeichen und farbliche Markierungen beispielsweise für unterschiedliche Charaktere in Romanen gemacht haben. Letztere brauchst Du für Deinen Podcast aller Voraussicht nach nicht, aber die Idee, vom Tablet zu lesen, ist gar nicht schlecht. Die App, die von mehreren genannt wurde, war *iAnnotate* für iOS. Wenn Du ein Android Gerät hast, schau mal im *Playstore* oder auch in einem alternativen Appstore wie *F-Droid,* was Du an passenden Apps findest. Für ein paar einfache Notizen reicht auch eine vorinstallierte Notizen-App völlig aus.

Teleprompter

Weil ich auch das bei einem anderen Sprecherjob erlebt habe, will ich kurz erwähnen, dass es auch das gibt. Wenn es um längere Texte geht – also bei Dir vielleicht eine komplett vorgescriptete Folge – kannst Du auch einen Teleprompter verwenden. Das klingt jetzt martialischer, als es ist. Beim besagten Sprecherjob war es auch wieder eine iOS-App, die auf zwei Geräten installiert war: einem Tablet als Monitor und einem Smartphone als Fernsteuerung. Auf dem Monitor lief der Text durch und auf dem Smartphone konnte man die Geschwindigkeit mit dem Daumen hoch- und runterdrehen oder pausieren, ohne hinzusehen. Ich hatte damals geschaut und die Ausgabe von knapp € 14,- fand ich auch nicht so dramatisch, hatte allerdings keinen konkreten Einsatzzweck und habe die App deshalb damals nicht gekauft. Es kann aber für Dich vielleicht eine Idee sein, falls Du mit so etwas arbeiten möchtest.

Lesen vom Laptop / Monitor

Ich habe beim Podcasten daheim meistens meinen Rechner vor mir und die Sendungsnotizen direkt im Blickfeld. Voll gescriptete Folgen habe ich nicht, ich bin wie gesagt eher eine Freundin des freien Redens. Aber wenn Du daheim podcastest, ist es völlig okay, Deine Notizen oder das Skript einfach auf Deinem Rechner vor Dir zu haben.

Manchmal habe ich auch eine Menge Tabs im Browser offen mit vielen Webseiten zum Thema, die ich gerne zitieren möchte. Überlege, ob das für Dich funktioniert. Probiere es vielleicht auch einfach mal aus. Es ist alles erlaubt, es muss nur für Dich funktionieren.

Praxistipp: Überlege, ob ein zweiter Monitor Dir vielleicht helfen kann, wenn Du auf einem das Aufnahmefenster hast und im anderen dann Deine Notizen und eventuell den Livechat etc. Mir hilft das sehr, weil ich so nicht in Versuchung komme, vielleicht das falsche Fenster – das mit der Aufnahme beispielsweise – zuzumachen.

Hunde, Katzen, Kinder, Papageien …

Angenommen, Du möchtest zu Hause aufnehmen, hast aber Bedenken, weil Dein Hund immer bellt, wenn ein gewisser Nachbar vorbeigeht. Oder die Katze lässt sich nicht aussperren weil sie dann wie am Spieß maunzt, weil sie nicht auf ihren Stammplatz auf dem Sofa kann. Oder Deine Kinder sind zu Hause und machen vielleicht mal Lärm, der Papagei redet oder was auch immer. Was dann?

Nun, ich weiß, ich wiederhole mich, aber ein Podcast ist keine Radioproduktion. Und auch wenn die Hörer:innen ein gewisses Maß an Tonqualität gewohnt sind, ist es durchaus auch normal, dass ab und an (!) mal Störgeräusche durch Mitbewohner:innen – menschliche wie tierische – vorkommen können. Du kannst auch souverän damit umgehen und einfach sagen: »Oh, jetzt will gerade die Katze raus«. Oder Du machst eine kurze Pause, lässt die Katze raus und schneidest den Teil nachher raus. Bei Livesendungen empfiehlt sich das erstere. Manche mögen diesen unfreiwilligen »Catcontent« auch gerne und ich habe schon in mehreren Folgen eine Kapitelmarke mit »Catcontent« gesetzt, wenn der Kater mal wieder auf den Schreibtisch gesprungen ist.

Menschlichen Mitbewohner:innen kann man ab einem gewissen Alter auch zumuten, eine Weile leise zu sein oder eben nicht gerade Achterbahn in dem Zimmer zu spielen, wo Du gerade Deine Aufnahme machst. Ihr könnt ja verabreden, dass Du das Zimmer für die nächste Stunde für Dich hast und danach gibt es dann ein Eis für alle – für die Kinder, Partner:innen und Mitbewohner:innen, weil sie Dich in Ruhe gelassen haben und ruhig waren und für Dich, weil Du Deine Aufnahme feiern kannst. Selbst falls die nichts geworden sein sollte, kannst Du feiern, denn Du hast mit Sicherheit gerade etwas Neues dazu gelernt.

Lärm von draußen

Vielleicht liegt vor Deinem Fenster eine stark befahrene Straße. Wahrscheinlich hast Du Dich sonst schon lange dran gewöhnt, aber jetzt merkst Du, dass man das in den Aufnahmen hört und es auch schwer rauszukriegen ist. Oder die Kinder der Nachbarn sind zu Hause und spielen kreischend im Garten, die anderen Nachbarn haben gerade Sex und, und, und … Kann alles passieren. Überlege Dir, ob Du vielleicht zu einem anderen Zeitpunkt aufnehmen möchtest. Beobachte das Geräuschgeschehen in Deiner Umgebung und finde den »Sweet Spot«, also den Teil des Tages, an dem es mit hoher Wahrscheinlichkeit tatsächlich vorhersagbar still ist.

Praxistipp: Denk auch daran, wenn Du Dir Aufnahmetermine mit anderen ausmachst!

Die Alternative bei Lärm von außen ist, dass Du entweder woanders aufnimmst, oder über die Anschaffung einer Sprecherkabine nachdenkst.

Sprecherkabinen

Eine Sprecherkabine ist letztlich ein akustisch mehr oder weniger abgeschotteter Raum. Es gibt fertige Kabinen, die man kaufen kann. Die nehmen eine ganze Menge Platz weg, können aber auch helfen, in akustisch schwierigen Wohnungen einen ruhigen und hallfreien Raum für Audioaufnahmen zu schaffen.

Achtung: Sprecherkabinen können für klaustrophobische Menschen schwierig sein, da der Raum doch meist sehr beengt ist.

Pop-up-Sprecherkabine selbstgebaut

Du kannst für leisere Störgeräusche auch eine Sprecherkabine improvisieren. Der Autor Markus Stromiedel spricht seine Hörbücher selbst ein. Als wir dazu eine Podcastfolge aufgenommen haben, erzählte er, dass er aus ein paar dicken Wolldecken und einem *Leifheit* Wäscheständer eine Sprecherkabine als Aufsatz für seinen Schreibtisch gebaut hat. Dass es sich um einen Wäscheständer dieser Firma handelt, hat eine Bewandnis: die Wäscheständer sind unten offen, sie haben kein »Kreuz«, sondern die Beine sind rechts und links und in der Mitte ist Platz. Diesen Wäscheständer stellt er auf seinen Schreibtisch, legt die Wolldecken darüber und baut sich so eine schnell und einfach verstaubare Sprecherkabine. Den Link zur Podcastfolge, in der er davon erzählt, findest Du am Ende des Buches.

Anmerkung: Ich habe mittlerweile in Baumärkten Wäscheständer gesehen, die dieselbe Bauform haben, aber Eigenmarken sind.

Joanna Penn hat sich eine größere Sprecherkabine aus Holzlatten und schwerem Bühnenstoff selbst gebaut. Sie hat einen längeren Artikel dazu bei sich im Blog, den Link findest Du ebenfalls am Ende des Buches.

Mobiles Aufnehmen

Vielleicht hast Du Dir vorgenommen, auch mal draußen zu podcasten. Möglicherweise bietet sich das bei Deinem Thema oder Format auch einfach an. Das ist super, es bringt Abwechslung rein und Deine Hörer:innen sind vielleicht schon neugierig darauf, wo es nächstes Mal dann hingeht.

Aufnahmen im Café

Ich persönlich bin eine große Freundin von Aufnahmen in Cafés. Oder ich war es zumindest, bis mir der Lärm dort mittlerweile zwei Aufnahmen verhauen hat. Die Folgen habe ich trotzdem veröffentlicht, weil die Themen und Gesprächspartnerinnen einfach unglaublich toll sind, aber das Feedback auf die Folgen ist leider auch immer wieder, dass die Umgebungsgeräusche sehr stören.

Am besten schau Dir den Platz vorab einmal an, setz Dich einfach mal so in das Café und finde heraus, ob es eine Ecke gibt, die ruhig genug ist. Profi-Tipp: Eine Geburtstagsparty am Nebentisch hat sich als nicht sehr hilfreich herausgestellt. Auch herumtollende Kinder in Kombination mit Eltern, die negativ auf den Hinweis reagieren, dass alles, was die Kinder sagen, in der Aufnahme landet, waren eher hinderlich bei der Fertigstellung eines Podcastgesprächs.

Hintergrundmusik kann in Cafés nett sein, in Podcasts kann sie aber auch sehr stören. Zum einen wegen der Gema, AKM/Austromechana und der unklaren Regelungen in dem Bereich, aber zum anderen kann es auch einfach extrem unpassend sein, wenn gerade ein ernstes Thema diskutiert wird, im Hintergrund aber gerade Super-Sonne-Partymusik gespielt wird und vielleicht noch Menschen lachen und grölen.

Praxistipp: Probiere die Gesprächssituationen tatsächlich mit dem Aufnahmegerät aus. Das menschliche Gehirn ist mit dem »Cocktailpartyeffekt« darauf ausgerichtet, auf das Wesentliche zu fokussieren und Störgeräusche auszublenden. Das Aufnahmegerät tut das nicht. Es hält gnadenlos alles fest, was ihm vor's Mikro kommt. Also auf einer Aufnahme sind dann möglicherweise Störgeräusche zu hören, die Dein Ohr während der tatsächlichen Gesprächssituation einfach ausgeblendet hat.

Oder auch: Podcaste nicht in lauten Umgebungen, außer, Du willst den Effekt der akustischen Überlagerungen illustrieren.

Aufnahmen draußen

Grundsätzlich gilt bei Aufnahmen im Freien dasselbe wie auch in geschlossenen Räumen: Achte darauf, was aufgenommen wird, damit

Du am Ende nicht mehr aufgenommen hast, als unbedingt nötig. Laute Tischnachbar:innen solltest Du darüber informieren, dass ihr geheimes Meeting gerade aufgezeichnet wird. Die Eltern zwei Tische weiter informieren, dass die Geschichten, die ihre Kinder laut durch den Raum krakeelen, aufgezeichnet werden etc. Achte auf die Persönlichkeitsrechte anderer Menschen und lösche, wenn versehentlich Aufgenommene dies verlangen.

Außengeräusche bei Aufnahmen

Was draußen noch ein besonderes Problem sein kann, ist der Wind. Der kommt in der Beliebtheitsskala unter Podcaster:innen quasi direkt nach dem Hall. Das merkst Du, wenn Du mal eine Aufnahme ohne »Windpuschel« über dem Mikro gemacht hast. Spätestens dann wirst Du Dir einen zulegen. Es gibt sie in allen Größen, von fingerhutgroß für's Lavaliermikrofon bis »mittlerer Teddybär«. Für Dein Mikrofon oder Aufnahmegerät wird mit Sicherheit ein passendes dabei sein, entweder vom Hersteller selbst oder auch von Drittanbietern. Eine kurze Internetsuche sollte Dir weiterhelfen.

Beim Smartphone kannst Du einen Windschutz eines Aufnahmegerät über das untere Ende stülpen. Das sieht dann zwar aus, als hätte Dein Telefon einen Bart, aber dafür hast Du weniger Windgeräusche in der Aufnahme.

Auch Autos machen Geräusche. Sogar Elektroautos. Achte darauf, falls das Straßencafé, in dem Du Dich zum Interview verabredet hast, direkt an einer befahrenen Straße liegt. Mach vielleicht bei einem vorigen Besuch eine Probeaufnahme.

Praxistipp: Das Auto als Tonstudio

Es gibt immer wieder Podcaster:innen, die sich zum Podcasten in ein Auto setzen, weil dies nach außen halbwegs schallsicher ist. (Halbwegs! Ich hab oft genug beim Warten an einer Ampel den Konferenz-Call des Menschen im Auto neben mir bei zwei geschlossenen Fenstern gut mithören können, wenn er diesen über die Anlage im Auto laufen hatte.) Für ein normales Gespräch auf Zimmerlautstärke sollte es aber reichen. Ich habe auch schon von mehreren Menschen gehört, die Interviews und Gespräche in stehenden Autos bei ausgeschaltetem Motor durchführen, weil der Raumklang dort besser ist als in ihrer kahlen, gefliesten Wohnung.

Unsicher, wie Carsharinganbieter reagieren, wenn man sich zwar in ein Auto reinsetzt, aber dann nicht losfährt. Wer da Erfahrungswerte hat, ich freue mich über Ergänzungen zur nächsten Auflage dieses Buches.

Podcasten mit Gäst:innen

Wenn Du vorhast, Dich mit Menschen in Deinem Podcast zu unterhalten, beispielsweise Expert:innen einzuladen oder mit Freund:innen gemeinsam einen »Laberpodcast« zu starten, ist das eine tolle Sache. Zum einen machst Du Dir den Einstieg leichter, weil es für die meisten viel einfacher ist, sich mit einer anderen Person zu einem Thema zu unterhalten, als alleine in ein Mikrofon zu reden. Expert:innen einzuladen bringt auch für Deine Hörer:innen einen Mehrwert, wenn sich Dein Podcast um ein bestimmtes Thema dreht, weil andere Menschen auch immer wieder andere Aspekte und teils tiefgreifendes Spezialwissen reinbringen. Von daher ist es durchaus eine gute Idee, mit anderen Menschen innerhalb Deines Podcasts zu sprechen. Hierfür solltest Du aber einige Dinge beachten:

Vorabgespräch (vertraulich)

Vor der Aufnahme solltest Du immer ein vertrauliches Vorgespräch abhalten oder zumindest einige Dinge per E-Mail klären. Gerade, wenn Du vielbeschäftigte Podcastgäst:innen und andere Profis hast, werden die es gewöhnt sein, dass ihnen die Fragen für das gemeinsame Gespräch vorab geschickt werden, damit sie sich bereits darauf vorbereiten können.

Halte Dich an Zeitlimits, wenn Du mit vielbeschäftigten Menschen sprichst. Einen Hinweis darauf, dass ein solcher Fall vorliegt, bekommst Du, wenn Du vorab ausschließlich mit Assistent:innen zu tun hast. Hier klärst Du auch, ob für den:die Gesprächspartner:in Dein Workflow – insbesondere der Teil, wo die Stimmdaten gespeichert, wohin sie übertragen werden und wo oder durch wen gegebenenfalls ein Transkript angefertigt wird – für den:die Gäst:in okay sind. Du kannst schon jetzt Dein Speakers' Agreement unterschreiben lassen. Einen Textvorschlag findest Du am Ende des Kapitels zum Datenschutz.

Hier solltest Du auch klären, welche Themenbereiche vielleicht besser nicht angesprochen werden sollten, welche Fragen oder Bereiche okay sind und wie der:die Gäst:in vorgestellt werden möchte. Frag auch immer noch einmal nach, wie der Name korrekt ausgesprochen wird, falls Du Dir nicht sicher bist. Das ist nicht nur höflich, sondern auch professionell.

Vor der Aufnahme

Mach in jedem Fall mit Deinem:r Gäst:in einen Techniktest. Falls nötig mit dem:r Assistent:in. Kläre auch vorab, wie Dein:e Gäst:in oder sein:e bzw. ihr:e Assistent:in Dir die Aufzeichnung der anderen Seite zukommen lassen kann.

Kläre Dein Gegenüber noch einmal darüber auf, wie Du mit den Daten weiter verfährst.

Was ebenfalls Vertrauen schafft, sowohl bei vielbeschäftigten Profis sowie auch bei Erst-Gäst:innen, ist eine Aufklärung darüber, wie sie während des Gesprächs oder auch danach noch Einfluss nehmen können. Erkläre kurz, dass sie jederzeit abbrechen und einen Satz neu anfangen können, oder falls sie sich im Satz »verlaufen«, dass der ganze Teil dann natürlich neu gesagt werden kann und der missglückte Teil natürlich rausgeschnitten wird.

Kläre auch zu Beginn der Aufnahme noch einmal, wie lange Dein:e Gesprächspartner:in Zeit für die Aufnahme eingeplant hat. Es kann sich in all unserer Kalender jederzeit schnell mal etwas ändern.

Podcasten über Distanz

Eine Möglichkeit ist es, sich mit Mitpodcastenden persönlich zu treffen und sich an einen Tisch zu setzen, um sich dort zu unterhalten.

Sollten Deine Gäst:innen oder Mitpodcastenden nicht in derselben Stadt wohnen oder sogar über den ganzen Erdball verteilt sitzen, ist gemeinsames Podcasten dennoch komfortabel machbar – das Internet macht's möglich.

Viele verwenden dazu *Skype*, primär weil sie es schon kennen. Abgesehen von allen Datenschutzproblemen, die wir bei *Skype* haben und die Dich als Podcaster:in und damit als Contentprovider:in im Netz treffen, hat *Skype* auch immer wieder die typischen Qualitätsprobleme – Echo, Knacken, Rauschen, blecherne Stimmen und oft genug auch der Abbruch der Verbindung.

Komfortable Lösung

Mein Vorschlag: Schau Dir stattdessen *Studio-Link* an. Das Programm kommt aus der Podcaster:innen-Community und löst viele dieser Probleme; Ende-zu-Ende-verschlüsselte Verbindung inklusive. Du und Dein:e Mitpodcastende:r können die Standalone-Version gratis auf studio-link.de herunterladen und nach einfachem Entpacken kann es sofort losgehen. Beim Doppelklick öffnet die Software direkt im eingestellten Standardbrowser. Du schickst Deinen Mitpodcastenden die

Studio-Link-IDs, die beim Start der Software automatisch vergeben wird – oder umgekehrt – und Ihr macht »einen Call auf«. Sprich: Du gibst die ID bei Dir in die Eingabemaske ein und es wird eine Voice-over-IP-Verbindung (VoIP) hergestellt. Das geht bei hinreichend stabiler und flinker Internetverbindung übrigens zeitgleich mit bis zu sechs Gäst:innen.

Wenn Du dann oben den »Record« Button drückst, nimmst Du alle Spuren bei Dir auf dem Rechner so auf, wie sie reinkommen. Bei guter Internetverbindung reicht das auch. Allerdings soll man sich nicht darauf verlassen, dass alles immer super läuft. Und daher hat auch Dein:e Mitpodcastende:r die Möglichkeit, bei sich lokal aufzunehmen und Dir nach dem Gespräch die lokale Aufnahme zur Verfügung zu stellen. Ist die Verbindung nämlich schlecht und Dein:e Gesprächspartner:in kommt bei Dir nur »knacksend« an, ist die Aufnahme, die auf Deinem Rechner liegt, ja ebenfalls für diese:n Teilnehmer:in knacksend. Die lokale Aufnahme dieser Person ist allerdings so, wie sie bei ihr am Rechner war – also üblicherweise störungsfrei, zumindest ohne Störungen, die durch die Übertragung verursacht wurden. Von klingelnden Postbot:innen oder bellenden Hunden fangen wir jetzt nicht an.

Das heißt, es gibt zwei Aufnahmen: eine bei Dir lokal und eine bei Deinem:r Gäst:in. Das ist der Double-Ender – an beiden Enden der Aufnahme fällt eine lokal aufgenommene Datei raus. Die Aufnahme Deines:r Gäst:in lässt Du Dir im Anschluss schicken oder in beispielsweise Deine *NextCloud* hochladen.

AM ENDE FÜGST Du Deine lokale Aufnahme in Dein Schnittprogramm ein und dazu auch wieder die lokale Aufnahme Deine:r Gäst:in und hast von beiden die bestmögliche Tonqualität.

DOUBLE-ENDER LASSEN sich auch anders erzeugen. Ich hatte schon mal eine Aufnahmen mit zwei Gäst:innen, in der wir zu dritt über

Skype verbunden waren, jede ein Headset auf hatten, damit im Raum drumrum nur die eigene Stimme zu hören war, und jede hat bei sich im Raum mit einem weiteren Aufnahmegerät oder auch mit dem Smartphone aufgenommen. Das heißt, die Verbindung wurde durch Skype hergestellt, aber die Aufnahmen liefen davon unabhängig jeweils lokal. Am Ende hatte ich drei Audiodateien aus drei unterschiedlichen Geräten und habe auch diese Folge wie üblich im Schnittprogramm zusammengeführt. Ab und an hilft es, auch bei Aufnahmen kreativ zu werden. Achte aber darauf, dass ein Schlüssel zu einem erfolgreichen Podcast auch eine zumindest akzeptable Audioqualität ist.

Praxistipp: Wenn jede:r die eigene Spur selbst speichern soll, sag das vor Beginn der Aufnahme nochmals und zähle am besten alle Anwesenden ein. Weil ... ja, blöde Geschichte. Nein, ich möchte nicht darüber reden.

Während des Gesprächs

Lass Dir und auch Deinen Gäst:innen Zeit. Atme. Du wirst bald Routine darin bekommen, mit Gäst:innen zu podcasten. Wenn Du Dich selbst verhaspelst gilt dasselbe wie bei Deinen Gäst:innen auch: Du kannst alles schneiden. Und: Ein Podcast muss nicht perfekt sein, nur authentisch.

Pausen

Ein ganz wichtiger Punkt sind Pausen. Ganz besonders dann, wenn gerade etwas schief geht oder Du Dich versprochen hast. Oder Dein:e Gesprächspartner:in sich versprochen hat. Einige Sekunden Pause helfen nicht nur, die Stelle in der Aufnahme später im Schnittprogramm zu finden, sondern geben Dir auch die Gelegenheit, einmal durchzuatmen.

Hetze auch sonst nicht durch die Aufnahme, gib auch den Hörer:innen die Chance, in Ruhe dem Gespräch zu folgen.

Nach dem Gespräch

Nach dem Schluss-Klick oder dem Druck auf den Stopp-Knopf geht das Gespräch meist noch etwas weiter. Denke trotzdem dran, die Aufnahme zu sichern und auch Deine:n Gesprächspartner:in daran zu erinnern, dasselbe zu tun. Du kannst auch gleich im Chat, falls vorhanden, sonst direkt im Anschluss per E-Mail die Informationen geben, wohin Dein:e Gäst:in ihre lokale Aufnahme hinschicken soll, beispielsweise kannst Du gleich einen Link zu einem freigegebenen Ordner in Deiner *NextCloud* senden.

Last not least: Denke daran, Dich zu bedanken und zu verabschieden.

Freigabe

Nach dem Schnitt schick Deinem:r Gäst:in die Folge zum Testhören. Bei vielbeschäftigten Menschen kann das gegebenenfalls auch von dem:r Assisten:in gemacht werden. Diese extra Schleife zum Testhören und freigeben lassen solltest Du auf jeden Fall mit einplanen. Auch zeitlich!

Denk daran, dass Dein:e Gäst:in auch noch Änderungswünsche haben könnte. In dem Fall musst Du die Folge nachschneiden oder nachbearbeiten. Denk auch hier daran, diese Zeit noch mit einzuplanen.

Credits

Bei der Veröffentlichung denke daran, mindestens den Namen Deines:r Gäst:in in den Shownotes zu vermerken, eventuell auch die von Menschen, die anderweitig zur Folge beigetragen haben. Meist werden die Links zur Webseite, der Name des Projekts des:r Gäst:in zum Ende der Folge noch einmal genannt und auch in den Shownotes vermerkt.

Eventuell auch Kontaktmöglichkeiten oder falls Dein:e Gäst:in auch einen eigenen Podcast hat, wo die Hörer:innen diesen finden können.

Tipps & Tricks für die Aufnahme

Natürlich hängt alles sehr von Deinem Equipment und Deiner jeweiligen Aufnahmesituation ab. Aber es gibt ein paar Tipps und Tricks, die quasi universell sind.

Aufnahmelautstärke

Achte darauf, dass die Lautstärke des Eingangssignals im »grünen Bereich« liegt. Es sollte in Deinem Aufnahmegerät oder auf der Skala am Rechner nach Möglichkeit immer in etwa auf der Hälfte des Ausschlagbalkens liegen. Ein zu lautes Eingangssignal wird dazu führen, dass die Aufnahme heillos übersteuert. Auch das ist hinterher nicht mehr rauszukriegen und quasi der dritte »Feind« guter Aufnahmen. Zu leise lässt sich meist noch fixen, aber zu laut ist leider meist mit Übersteuern und Störgeräuschen verbunden und hat schon zu mancher Neuaufnahme geführt.

Pausen lassen

Mach Pausen, lass Dir Zeit. Insbesondere dann, wenn Du Dich versprochen hast. Ein paar Sekunden Pause findest Du in der Wellenlinie im Schnittprogramm auch einfacher wieder, als mürrisches Fluchen, das am Ende genau wie alles andere aussieht.

Testen

Ein langweiliger aber hilfreicher Rat ist: Teste alles durch. Auch, ob die Akkus wirklich voll sind, oder ob die SD-Karte wirklich leer ist, bzw. noch genug Platz hat. Teste auch, ob wirklich etwas ankommt, wenn Du mal eine externe Audioquelle verwendest. Und geh nicht mit neuem Equipment zu einem Interview und fummel dann vor Deinem:r Gesprächspartner:in noch zwanzig Minuten am Gerät rum, weil Du die Einstellung nicht findest. Mach Dich vor der Aufnahme – insbesondere vor einem ersten Interview – mit Deinem Equipment vertraut.

Kabel statt WLAN

Wenn Du mit anderen über das Internet verbunden bist, um eine Aufnahme zu machen, ist der gute Rat: Nutze wenn möglich statt des WLANs ein Netzwerkkabel zwischen Deinem Rechner und dem Router. Das ist weniger anfällig für Störungen und Schwankungen. Falls natürlich Dein Internetprovider gerade einen Totalausfall in Deiner Gegend hat, kannst Du da auch nichts machen, außer noch ein Backup z. B. über LTE bei einem anderen Anbieter da zu haben.

Apropos Internet

Nutze nicht unbedingt die ausgelasteten Zeiten im Netz. Verabrede Dich, wenn möglich, zu Uhrzeiten, zu denen das Internet bei Dir und auch bei Deinem:r Gäst:in nicht völlig überlastet ist. Also 18:30 Uhr, nach Feierabend bis Ende des Hauptabendprogramms könnte eher schwierig für Eure Verbindung werden.

CHECKLISTE
AUFNAHME

- [ ] Notizen und Vorbereitung da?
- [ ] Telefon im Flugzeugmodus oder zumindest die Töne aus?
- [ ] Bei Gäst:innen oder Mitpodcastenden: Speakers' Agreement unterschrieben oder mündlich zu Beginn der Aufnahme zugestimmt?
- [ ] Hallfreie Umgebung?
- [ ] Geräuschpegel sonst okay? (Café)
- [ ] Windpuschel angelegt? (Draußen)
- [ ] Eingangslautstärke beim Aufnahmegerät "im grünen Bereich"?
- [ ] Beim Aufnahmegerät oder im Programm wirklich den richtigen Kanal ausgewählt?

- [ ] Atmen
- [ ] Lächeln

zotzmann-koch.com/book/podcasting

15

SCHRITT 11: VERÖFFENTLICHEN

Um keine Verwirrung aufkommen zu lassen, mit Veröffentlichen ist erst einmal gemeint, wie Dein Podcast zu den Menschen kommt. Also wie Du von der aufgenommenen Audiodatei zum Feed kommst.

Zur Erinnerung, den Feed kennen einige noch von Blogs. Ein Feed ist quasi eine abonnierbare automatisierte Auslieferung Deiner Podcastfolgen, dank der die Abonnent:innen benachrichtigt werden, sobald eine neue Folge verfügbar ist. Je nach Einstellung des Programms, mit dem der Feed abonniert wird, werden die Folgen auch gleich runtergeladen und warten im Gerät der Hörer:innen darauf, angehört zu werden.

Der Feed ist die technische Magie hinter Podcasts. Er ist die Brücke zwischen den auf einem Server im Netz abgelegten .mp3-Dateien und Deinen Hörer:innen.

Schritt 1 ist also immer, dass Du irgendwo Deine .mp3-Dateien hochlädst; Dein eigener Rechner hängt ja mit hoher Wahrscheinlichkeit nicht 24 Stunden am Tag im Internet. Also müssen die Audiodateien irgendwo anders für Deine Hörer:innen vorgehalten, also »gehostet« werden. Dafür hast Du zwei Möglichkeiten: einen Hostingservice wie

Podigee zu buchen oder Deinen Podcast auf z. B. Deiner eigenen Webseite mit *Wordpress* selbst hosten.

Podcast-Hoster

Die einfache Methode ist, einen Podcast-Hoster wie *Podigee* zu buchen. In dem Fall hast Du etwas weniger Arbeit in der Vorbereitung Deines Podcasts. Nach der Einrichtung nimmt es sich im Arbeitsaufwand nicht viel zum selbst Hosten, also dem Veröffentlichen Deines Podcasts auf Deiner eigenen Webseite. Dazu gleich mehr im nächsten Abschnitt.

Wenn Du einen Hostingservice buchen willst, richtest Du Dir einen Account auf der Plattform ein. Dann geht es auch schon daran, Deinen Podcast dort aufzubauen; also Dein eigener Name, Name Deines Podcasts, Untertitel, ein paar Infos zu Dir und eine Beschreibung Deines Podcasts, das Cover etc. Und dann kannst Du auch schon die ersten Folgen hochladen und auf »veröffentlichen« klicken. Voilà, Podcast.

Selbst Hosten mit Wordpress

Statt einen Podcast-Hoster zu buchen, kannst Du auch Deinen Podcast selbst hosten. Ich habe alle meine Podcasts über *Wordpress* selbst gehostet und kann aus Erfahrung sagen, dass das auch mit großen Downloadzahlen lange gutgeht. Schau in den Vertrag mit Deinem Website-Hoster, wieviel Webspace und wieviel »Traffic« in Deinem Hostingpaket dabei sind. Traffic bedeutet die Menge an Zugriffen auf Deine Seite und die Menge der übertragenen Daten. Wenn viele Leute viele große Dateien runterladen, ist das eine Menge Traffic auf Deiner Webseite.

Solltest Du ein paar hundert MB (Megabyte) oder sogar einige GB (Gigabyte) Webspace frei haben, reicht zumindest dieser für den Start locker hin. Falls Dein Traffic nicht vertraglich stark begrenzt ist, kannst Du Deinen Podcast bequem selbst hosten. So entstehen Dir kaum oder sogar gar keine Extrakosten, weil Du das Hosting Deiner Webseite ja bereits zahlst und der Podcast mit nur einem extra Plugin für *Wordpress* realisiert wird. Falls Dein Webspace sehr begrenzt ist, kann es sein, dass Du nach ein paar Folgen auf ein etwas größeres Paket umsteigen musst.

Praxistipp: Solltest Du eine Webseite bzw. einen Blog über *wordpress.com* haben, kannst Du keine weiteren Plugins installieren. Du kannst allerdings den alten Blog recht einfach auf ein selbst gehostetes *Wordpress* umziehen. Dafür gibt es die Exportfunktion. Diese exportiert allerdings nicht alle Bilder und so weiter mit, sondern macht nur eine »Adressenliste«, wo das Import-Plugin in der neuen *Wordpress*-Installation die alten Inhalte findet. Wenn Du also auf ein selbst gehostetes *Wordpress* umziehst und Deine alten Inhalte mitnehmen mochtest, lösch die alte Seite nicht sofort! Lass erst im neuen *Wordpress* den Import durchlaufen und erst wenn alle alten Inhalte rüberkopiert wurden, dann lösche die alte Seite.

Ein zweiter guter Grund, auf ein selbst gehostetes *Wordpress* umzuziehen ist, dass Webseiten und Blogs über *wordpress.com* nicht datenschutzkonform sind und gerade, wenn Du die Seite für Dein kreatives Business nutzt, kann Dir das durchaus Scherereien einbringen.

Setup mit *Podlove Publisher*

Der *Podlove Publisher* ist ein weiteres Projekt aus der deutschsprachigen Podcaster:innen-Community. Der *Podlove Publisher* ist ein gratis Plugin für Dein *Wordpress* und Du kannst ihn genau wie alle anderen Plugins mit wenigen Klicks installieren.

Wenn Du den *Podlove Publisher* installiert hast, erscheinen »Episoden« in der Seitenleiste als neues Beitragsformat. Du kannst also selbst wenn Du bereits Blogposts hast, daneben auch Podcastepisoden veröffentlichen.

. . .

Bei den Podcast-Einstellungen gibst Du dieselben Informationen an, die auch ein Hostingbetreiber von Deinem Podcast wissen wollen würde.

Bei den Einstellungen zum Feed findest Du auch Deine Feed-Adresse, die brauchst Du im Folgenden noch, wenn Du den Podcast bei den Verzeichnissen einreichst.

Du kannst auch »Mitwirkende« anlegen und so Deinen Gäst:innen noch mehr Sichtbarkeit schenken.

Ebenso kannst Du Deinen Podcast – auch im Nachhinein noch – in Staffeln gliedern.

Probiere es einfach aus und klick Dich etwas durch. Es ist nicht so schwierig, wie es am Anfang aussieht. Alles ist beim ersten Mal ungewohnt und vielleicht schwierig, aber wenn Du mit Deinem *Wordpress* vertraut bist, ist das selbst Hosten Deines Podcasts recht überschaubar.

Castopod – Podcasthosting im Fediverse

Falls Dir das »Fediverse« noch nichts sagen sollte, das ist der kommende Stern am Social-Media-Himmel. Es funktioniert ein bisschen wie E-Mail: Egal, auf welchem Server Du Deinen Account hast, Du kannst mit allen anderen reden. Die Domain des Servers wird Teil Deines Account-Namens; so wird Dein Account innerhalb des Fediverse auf dem richtigen Server gefunden. Ein guter Einstieg ins Fediverse ist *Mastodon*. Das ist ein soziales Netzwerk, ähnlich wie Twitter. Allerdings kannst Du mit einem Mastodon-Account nicht nur anderen Mastodon-Accounts folgen, sondern auch Accounts auf allen anderen Fediverse-Plattformen. Es gibt dort z. B. eine Alternative zu Instagram namens PixelFed, eine zu Soundcloud namens Funkwhale, eine Alternative zu YouTube namens PeerTube, die auch live streamen kann (falls Du das für Deinen Podcast auch überlegt haben solltest), eine Alternative zu Facebook-Events und -Gruppen namens Mobilizon und noch viel mehr. Auch eine Fediverse-Podcast-Hosting-Plattform namens Castopod. Falls Du ohnehin das Fediverse erkunden möchtest, kannst Du Dir überlegen, Deinen Podcast auf einem Castopod-Server zu hosten. Einen Link findest Du am Ende des Buchs und immer aktuell auf meiner Webseite.

CHECKLISTE VERÖFFENTLICHUNG

Für die Veröffentlichung Deines Podcasts, also das Anlegen beim Podcast-Hoster oder in Deinem Wordpress brauchst Du die erste Hälfte Deines Steckbriefs. Die Feed-Adresse wird beim Anlegen generiert.

- [ ] Podcast-Name
- [ ] Ein Untertitel
- [ ] Eine Zusammenfassung, worum es in Deinem Podcast geht
- [ ] Dein Name oder Pseudonym
- [ ] Dein Thema
- [ ] Kataloginfos und Kategorien
- [ ] Dein Podcast-Logo

Und weitere Informationen wie Sprache, FSK-18-Inhalte und so weiter.

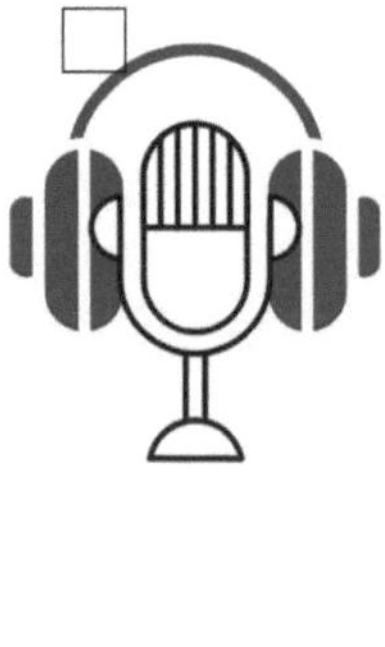

zotzmann-koch.com/book/podcasting

16

SCHRITT 12: LAUNCH & VERBREITEN

Der Launch: Einschleichen oder der große Tusch?

Launchen bedeutet, »auf den Markt bringen«. Überlege, ob Du vielleicht einen »großen Launch-Tag« feiern möchtest. Du kannst in Deinem Newsletter, im Blog, auf Social Media und auch offline voll auf diesen Tag hinarbeiten. Allerdings solltest Du dabei die Pufferzeiten für die Einreichungen bei den Verzeichnissen, Produktionszeiten für Offline-Werbeartikel oder Vorlaufzeiten für Anzeigen in Zeitungen oder auch in Newslettern anderer Leute bedenken!

Einen Launch-Tag zu haben, fühlt sich gleich ganz feierlich an. Du musst es aber auch nicht mit so einem großen Tusch machen, Du kannst auch klammheimlich die ersten fünf oder auch zehn Folgen produzieren und hochladen, aber erst einmal keine Werbung machen. Du kannst auch die Einreichung bei *iTunes* etc. auf »nach Folge 11« verlegen und Deinen Podcast langsam auf dem Markt »einschleichen«. Wenn Du kein Typ für große Feiern und volle Aufmerksamkeit bist, ist das total okay.

Einreichen bei Katalogen

Spread the Word! Deinen Podcast verbreiten

Der allerletzte Schritt beim Erstellen Deines Podcasts ist das »Verteilen« Deines Podcast-Feeds.

iTunes

Die allermeisten Menschen reichen ihren Podcast-Feed bei *iTunes* ein. Tu das aber erst, wenn Du sicher bist, dass alles steht. Und: reich Deinen Feed auch immer zuerst bei *iTunes* ein, da die Richtlinien für die Einreichung bei *Apple* die strengsten sind. Das sind Kriterien, ob beispielsweise die Grafik Deines Logos genau die richtige Größe hat, aber auch, ob alle Metadaten korrekt ausgefüllt wurden. Insbesondere Marketingmenschen, die ihre Feeds mit allem vollballern, was der Marketingbaukasten an Keywords, KPIs, Metriken und Analytics so hergibt, kriegen ihre Feeds des Öfteren nochmal zurückgeworfen mit der Bitte, das doch zu beheben. Ich persönlich verstehe das und feiere die Menschen bei *Apple* sehr für ihre Strategie, nur aussagekräftige und nicht »hingetrimmte« Podcasts zu akzeptieren.

Wenn Dein Feed bei *iTunes* angenommen wurde, kannst Du ihn auch bei den anderen Plattformen einreichen. Denn nichts ist blöder, als einen bereits eingereichten und akzeptierten Feed nochmal ändern oder gar noch einmal neu mit einer anderen Adresse einreichen zu müssen.

Zum Einreichen bei *iTunes* brauchst Du eine *Apple*-ID. Achtung, falls Du bereits Bücher über *Apple* Books veröffentlichst, dann brauchst Du eine neue ID für Podcasts.

Es kann ein paar Stunden bis einige Tage dauern, bis Dein Podcast bei *iTunes* gelistet ist. Falls Du einen »großen Launch-Tag« vorhast, plane entsprechende Pufferzeit mit ein. Insbesondere, weil viele Podcast-Apps auf *iTunes* als zentrales Verzeichnis zugreifen. Allen zu erzählen, Dein

Podcast ist jetzt da und dann finden 80 Prozent der Interessierten Deinen Podcast noch nicht in ihrem Podcatcher, ist ein deutlich verbesserungsfähiges Szenario.

fyyd

Eine Adresse, die ich Dir sehr ans Herz legen möchte ist *fyyd.de*. Das ist eine deutschsprachige Podcast-Suchmaschine, ebenfalls aus der Podcaster:innen-Community. Hier findest Du auch verschiedene Kurationen, unter anderem eine mit Nullnummern. Oder auch immer wieder zu aktuellen Themen. Die Community ist hier sehr aktiv.

Sobald Dein Podcast dort gelistet ist, kannst Du ihn mit Deinem *fyyd*-Account »claimen«, also Deinen Anspruch äußern, dass dieser Podcast Deiner ist. Zur Bestätigung bekommst Du einen Code geschickt, den Du in Deinem Podcast einbindest.

Du kannst auch eigene Kurationen anlegen, zum Beispiel zu Deinem eigenen Expertise-Gebiet. Schau Dich auf *fyyd* um und hör Dich durch, was es schon alles gibt!

panoptikum.io

Ebenfalls aus der deutschsprachigen Podcaster:innen-Community kommt *panoptikum.io,* das einen guten Überblick über aktuelle Trends und Themen gibt. Auch dies ist eine gute Adresse für Deinen Feed und für Feedback, das Hörer:innen Dir geben wollen.

PODCAST.DE

Ein weiteres freies Verzeichnis zum Einreichen Deines Podcasts ist podcast.de. Auch hier gibst Du die Feedadresse an und kannst noch Kategorien und Schlagwörter vergeben. Ist der Podcast durch die Moderator:innen freigeschaltet, kannst Du, wie bei *fyyd,* den Besitz am Podcast erklären. Das geht entweder per E-Mail, indem Du einen Dir zugeschickten Link klickst, oder über einen Kommentar in Deinem Podcast-Feed bzw. in den Shownotes, der vom System automatisch erkannt wird.

podcasterinnen.org

Analog zu speakerinnen.org gibt es auch eine Plattform für Podcasterinnen und nicht-binäre Podcastpersonen hinter dem Mikro und auf der Bühne. Wenn Du eine Frau oder eine nicht-binäre Podcastperson bist, ist dies *die* Adresse, wo Du einen Account machen und Deinen Podcast und Deine Expertisegebiete sichtbar machen solltest.

Deine eigenen Kanäle nutzen, um Deinen Podcast bekannt zu machen

Um Menschen zu informieren, dass es Deinen Podcast gibt, solltest Du vor allem Deine eigenen Kanäle nutzen. Immerhin sind hier schon Menschen, die sich für das interessieren, was Du machst.

Dein Blog

Dein Blog ist ein super Platz, um Deine Fans, Deine Leser:innen und Kund:innen zu kontaktieren. Eine vielleicht kleine aber feine Leser:innenschaft hat hier bereits Deine schriftlichen Beiträge abonniert oder schaut regelmäßig vorbei, um sich zu informieren. Es kommen auch immer wieder neue Menschen hinzu, die im Netz nach Deinen Themen oder konkret Deinen Büchern, Deinen Werken, Deiner Kunst suchen. Hier solltest Du auf jeden Fall einen Blogpost schreiben und den Podcast auch in der Seitenleiste oder an einem anderen passenden Platz verlinken – ganz besonders dann, wenn der Podcast thematisch mit Deinem Blog verwandt ist!

. . .

Praxistipp: Binde in Deinem Blog einen »Abonnieren-Button« ein, mit dem Menschen mit einem Klick Deinen Podcast in ihren Podcatcher abonnieren können! Wenn Blog und Podcast aus demselben *Wordpress* kommen, ist das ohnehin kein Problem. Aber selbst falls nicht, gibt es von *Podlove* zusätzlich noch ein *Podlove Button* Plugin, bei dem Du die Feedadresse Deines Podcasts hinterlegst und der Button führt die Menschen dann direkt durch den Abo-Prozess.

Social Media

Deine Social-Media-Kanäle sind neben Deinem Blog der Must-Have-Ort, um Deinen Podcast bekannt zu machen. Fast alle Podcasthörer:innen finden neue Podcasts entweder durch Empfehlung in einem anderen Podcast oder durch Empfehlungen innerhalb ihrer Social-Media-Bubble. Mach ein hübsches Posting mit Deinem Podcast-Cover und verkünde den Start Deines Podcasts. Bitte um Re-Posts und lass die Social-Media-Magie das Ihre tun. Denk auch daran, für jede neue Folge ein Posting zu machen, das verbreitet werden kann.

Denk auch daran, dass gerade Social Media ein interessanter Austauschkanal für Deine Hörer:innen ist und sie auch und gerade hier Feedback schicken, Dir Fragen stellen und mit Dir in Austausch kommen wollen. Schau also nicht nur einmal alle heiligen Zeiten rein, sondern je nachdem, in welchen Abständen Deine Folgen kommen, mindestens einmal die Woche. Denn Hörer:innen hören die Folgen nicht immer gleich nach dem Erscheinen. Es kann sein, dass Du im August mit einem Mal Feedback bekommst für eine Folge von November vorletzten Jahres.

Webseite

Deine eigene Webseite hatte ich bereits genannt. Denk auch hier daran, Deinen Podcast zu verlinken, einen Abonnieren-Button zu platzieren und die Infos für Deinen Podcast, die Hörer:innen und potentielle Gäst:innen in der Datenschutzerklärung zu ergänzen.

Newsletter

Dein Newsletter ist der dritte Must-Have-Kanal. Hier hast Du bereits alle Menschen, die auch wirklich von Dir informiert werden wollen, wenn es von Dir etwas Neues gibt. Allerdings solltest Du auf ein paar Sachen achten, wenn Du E-Mail-Marketing machst.

In Österreich greift das Telekommunikationsgesetz als Spezialgesetzgebung noch vor der DSGVO und das sagt, dass Direktmarketing auf elektronischem Weg eine vorherige Zustimmung braucht (§ 107 Abs 2 TKG). In § 107 Abs 3 TKG kommt noch eine Sonderregelung dazu, dass Bestandskundenwerbung für eigene gleiche oder ähnliche Produkte oder Dienstleistungen versendet werden darf. Also nicht für ganz andere Sachen. Du solltest also die Ankündigung Deines Podcasts oder auch, wenn Du Weihnachts- oder Ferienwünsche mit einer Marketingmaßnahme für eigene gleiche oder ähnliche Produkte oder Dienstleistungen kombinieren.

In Deutschland greift das Wettbewerbsgesetz (Gesetz für Unlauteren Wettbewerb, UWG) Laut § 7 Abs. 2 Nr. 3 UWG ist E-Mail Werbung grundsätzlich nur mit vorheriger Einwilligung der Empfänger machbar. Wenn Du Deinen Newsletter mit einem Newsletter-Tool wie *Mailpoet* oder *Eyepin* versendest und sich alle Empfänger:innen selbst auf die Liste eingetragen haben und unmissverständlich durch ein Double-Opt-In eingewilligt haben, ist alles fein.

Schreib also den Abonnent:innen Deines Newsletters zum Goldschmieden nicht einfach so eine E-Mail, dass Du jetzt einen Podcast über Radieschenzüchten machst. Im Abspann Deines Goldschmiede-Newsletters zu erwähnen, dass Du jetzt einen Podcast machst, kann allerdings diejenigen Menschen erreichen, die den Newsletter vor allem deswegen abonniert haben, weil sie sich für Dich als Person interessieren. Und wenn Du goldschmiedest und Radieschen züchtest, besteht zumindest eine gewisse Wahrscheinlichkeit, dass Du damit nicht alleine bist. Schlaues Marketing wäre auch, zur Feier des Podcasts ein Tutorial für ein goldenes Radieschen zu machen, et voilà ….

Deinen Podcast offline bekannt machen

Was wir bei einem so digitalen Medium wie Podcasts gerne vergessen ist, dass es auch noch ein Offline gibt. Hier hast Du die volle Bandbreite klassischer Werbung vor Dir. Von Flyern, Anzeigen in passenden Fachmagazinen, Presseaussendungen und Plakaten für Veranstaltungen in Deinem Fachbereich ist so ziemlich alles erlaubt. Damit erreichst Du vor allem Menschen aus Deinem Themengebiet, die vielleicht bisher noch keine Podcasts hören oder nur wenig online-affin sind.

INNERHALB DER PODCASTER:INNEN-COMMUNITY und bei einschlägigen Events sind Sticker die harte Währung, wenn es um »Merch« (Merchandise, Werbeartikel) geht. Sticker or it didn’t happen. Eigentlich jeder Podcast, den ich selbst höre, hat Sticker bei Events ausliegen und ich habe von allen auch welche in meinem BulletJournal kleben.

Daneben gibt es von manchen Podcasts auch Buttons. Oder Tassen, T-Shirts, Hefte etc. mit dem Podcast-Logo darauf. Echte Fans sind echte Fans.

CHECKLISTE

LAUNCH & VERBREITUNG

Die erste Folge ist produziert und hochgeladen. Damit Dein Podcast in die Kataloge kommt und Menschen von ihm erfahren, mach ihn bekannt!

- [ ] Einreichung bei iTunes (kann ein paar Tage dauern)
- [ ] Einreichung bei fyyd
- [ ] Einreichung bei panoptikum.io
- [ ] Einreichung bei podcast.de
- [ ] ggf. Anlegen eines Profils bei podcasterinnen.org

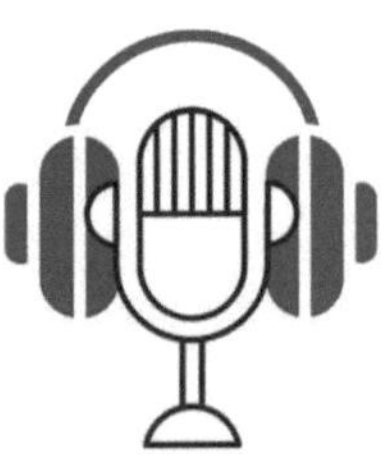

zotzmann-koch.com/book/podcasting

Dein Fahrplan zum eigenen Podcast

CHECKLISTE

LAUNCH & VERBREITUNG

TEIL 2

- Verlinken Deines Podcasts auf Deiner Webseite und im Blog, Einbinden des Abonnieren-Buttons ☐
- Newsletter-Aussendung (ggf. nur als Fußnote!) ☐
- Social-Media-Posts auf Deinem eigenen Profil und ggf auf dem vom Podcast ☐
- Je nach Zielgruppe auch Flyer und/oder Sticker für Offline-Events anfertigen lassen ☐

Social-Media-Posts bei jeder neuen Folge wiederholen.

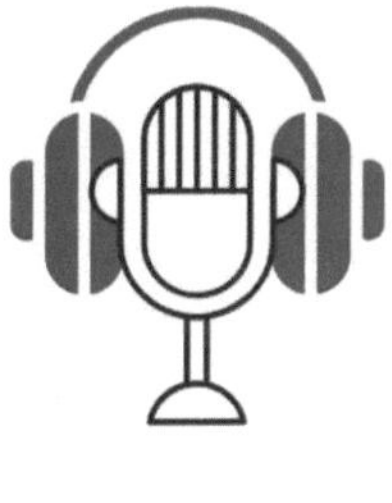

zotzmann-koch.com/book/podcasting

17

SPENDEN & CROWDFUNDING

Solltest Du darüber nachdenken, Spenden entgegenzunehmen, ist das total fein. Viele Podcaster:innen tun das und haben damit oft zumindest die Hostingkosten wieder drinnen.

Ja, es ist okay, um Spenden zu bitten.

Den Podcast zu »monetarisieren« ist hingegen so eine Sache. Gerade bezahlte Werbung in Podcasts ist zwar auf dem amerikanischen Markt üblich, auf dem deutschsprachigen allerdings eher schwierig bis schmierig.

Spenden und Crowdfunding werden hingegen recht gut akzeptiert und Du kannst zumindest ein bisschen Geld dadurch einnehmen. Das wird voraussichtlich nicht die Welt sein. Es gibt Kreative wie beispielsweise die britische Selfpublisherin Joanna Penn, die jeden Monat via *Patreon* über $ 4.000,- Umsatz macht. Allerdings produziert sie seit 2008 jede Woche eine Folge, hat zigtausende Hörer:innen auf der ganzen Welt, produziert in der Lingua Franca Englisch und hat sich über mehr als eine Dekade ein entsprechendes Standing aufgebaut. Das erzählt sie auch immer wieder sehr transparent, wie sie dort hingekommen ist.

Auch auf dem deutschsprachigen Markt gibt es Podcaster:innen, die mittlerweile zumindest vierstellige monatliche Einnahmen durch ihre Podcasts haben. Allerdings ist auch hier der Schlüssel: regelmäßig jede Woche echten Mehrwert für eine sehr große Anzahl an Hörer:innen liefern. Das geht nicht von heute auf morgen und die Podcaster:innen mit entsprechenden Einnahmen haben bereits Jahre an Arbeit hineingesteckt.

Crowdfunding-Plattformen

Wenn Du Crowdfunding ausprobieren möchtest, nur zu! Aber sei nicht enttäuscht, falls Du nicht innerhalb des ersten halben Jahres gleich auf einen drei- oder gar vierstelligen Betrag kommst. Das soll Dich nicht zurückhalten. Es sei allerdings angemerkt, dass auch eine Crowdfunding-Plattform ein weiterer Kommunikationskanal ist, der betreut werden muss. Also neue Folgen posten, auf Feedback eingehen etc. Überlege Dir gut, ob Du das leisten kannst und willst, selbst wenn über Monate hinweg vielleicht nur € 25,- im Monat dabei rauskommen.

Mit einer konkreten Empfehlung tu ich mir schwer. Es gibt *Patreon,* was mittlerweile sehr bekannt ist und viele Menschen werden dort bereits einen Account haben, weil sie schon andere Kreative unterstützen. Allerdings sitzt *Patreon* in den USA und da setzen wir unsere Fans den US-Gepflogenheiten im Bereich Nutzer:innen-Rechte, Datenschutz etc. aus.

In Deutschland gibt es *Steady,* die quasi dasselbe tun, allerdings haben die sich schon vor einer Weile für den voll-kommerziellen Weg entschieden, inkl. komplettem Tracking der Nutzer:innen und der Möglichkeit, Paywalls auf den Blogs der Kreativen anzubieten. Das klingt praktisch, bedeutet aber eben auch, dass sie sämtliche Daten über das Verhalten Eurer Fans auch auf Eurer eigenen Webseite und nicht nur bei *Steady* an die Plattform läuft. Marketingmenschen geht das Herz auf, mir als Datenschutzexpertin rollen die Fußnägel hoch.

Alternativ gibt es auch noch *LiberaPay*, was eine sehr ambitionierte französische Plattform ist, die selbst von Spenden lebt und sehr auf Datenschutz achtet. Zur Auszahlung brauchst Du als Spendenempfänger:in allerdings dennoch einen *PayPal*- oder *Stripe*-Account.

PayPal kannst Du ebenfalls für Spenden nutzen, da sind allerdings gar nicht so geringe Gebühren drauf, wenn Du Geld empfängst.

Die gute alte Überweisung

Eine häufig unterschätzte Möglichkeit, Spenden entgegen zu nehmen, ist die gute alte SEPA-Überweisung, auch gern als Dauerauftrag gesehen. Hier kommt nämlich der gesamte Betrag bei Dir an, es versickert nichts für Gebühren auf dem Weg und im deutschsprachigen Gebiet können auch alle mit Überweisungen und auch Daueraufträgen umgehen. Denk beim Einrichten und Veröffentlichen Deiner IBAN und BIC daran, dass von diesem Konto aus Lastschriften gesperrt sein sollten. Dein Firmenkonto ist nicht unbedingt die beste Idee. Aber ein Sparbuch oder ein kleines Spar- oder Tagesgeldkonto wären gute Optionen. Frag bei Deiner Bank an, was sie Dir gratis oder für kleines Geld anbieten können. Oder schau Dir *bunq* mit ihren bunq-me-Links an. Und ja, es ist okay, konkret um Spenden in Form von Überweisung bzw. Dauerauftrag zu bitten.

Praxistipp: Erkundige Dich bei Deinem Steuerberater, wie Du die Einnahmen aus Spenden korrekt zu versteuern hast!

Wunschlisten

Was in Podcaster:innen-Kreisen auch recht beliebt ist, sind Wunschlisten. Bei *Thomann* oder *Amazon* beispielsweise, aber auch freie Wunschlisten wie *Wishlephant* sind weit verbreitet. Letztere hat leider genau wie die bei *Thomann* den Nachteil, dass keine Adresse hinterlegt ist, wohin die geschenkten Dinge verschickt werden sollen. Und wenn Du dann einen Impressumsservice nutzt, ist auch auf Deiner Webseite keine Zustelladresse vorhanden. Für jede Post, die bei einem Impressumsservice zugestellt wird, zahlst Du eine Gebühr, wenn Dir diese weitergeleitet wird. Für amtliche Benachrichtigungen ist das okay, aber für ein Päckchen ist die Gebühr meist unerfreulich hoch. Denk vorher darüber nach, ob Du vielleicht auf Deiner Spenden-Info-Seite auf Deiner Webseite dazu schreibst, dass Du Dich voll freust, Geschenke, die nicht zugestellt werden können, bei persönlichen Treffen entgegenzunehmen. Beispielsweise bei Podcastveranstaltungen oder Hörer:innentreffen. Ein Hörer:innentreffen ist übrigens ein Treffen von Dir mit Deiner treuen Hörer:innenschaft. Zum Beispiel kannst Du ein Treffen ausrufen, das am Rande eines Events stattfinden soll, zu dem Du reist.

18

WOHIN DU DICH WENDEN KANNST

Die erste – und in meinen Augen auch die einzige – Adresse, die Du Dir merken solltest, ist die Podcaster:innen-Community. Hier findest Du freundliche und hilfsbereite Menschen und Antworten auf so ziemlich alles: **Sendegate.de**

TIPP: ES GIBT KEINE »DUMMEN FRAGEN«. Wir haben alle mal angefangen und Einiges ist auch nicht so selbsterklärend, wie es in Tutorial-Videos oder Bedienungsanleitungen klingen mag.

Wenn Du im Sendegate mal eine Suche nach Foreneinträgen zu Deinem Problem machst, wirst Du mit hoher Wahrscheinlichkeit schon etwas finden. Falls nicht, leg einfach einen Eintrag mit Deiner Frage an.

19

LINKS

Hier findest Du die wichtigsten im Buch zitierten Links. Diese und eine aktuelle Liste an Software- und Hardwareempfehlungen findest Du auch auf meiner Webseite unter https://www.zotzmann-koch.com/podcasting/

Die deutschsprachige Podcaster:innen-Community: sendegate.de
Podcasterinnen und nicht-binäre Podcastpersonen: podcasterinnen.org
Spot-on Podcast Studie: ard-werbung.de/spotonpodcast
Creative Commons: creativecommons.org
Cultural Commons Collecting Society: c3s.cc
GEMA: gema.de
AKM/austromechana: akm.at

Veröffentlichung & Podcast Hosting

Wordpress: wordpress.org
Podlove: podlove.org
Podigee, Hosting-Service: podigee.com
Castopod (Podcasthosting im Fediverse): castopod.org

. . .

Aufnahme, Schnitt & Nachbearbeitung

Studio-Link: studio-link.de
Jitsi (Alternative zu Skype): meet.jit.si
BigBlueButton (Alternative zu Skype): bigbluebutton.org
Garageband (Mac): apple.com/mac/garageband
Ardour (Windows, Linux, Mac): ardour.org
Audacity (Windows, Linux, Mac): audacityteam.org
Reaper (Windows, Linux, Mac): reaper.fm
Ultraschall (Erweiterung für Reaper): ultraschall.fm
Hindenburg Journalist (Mac, Windows):
hindenburg.com/products/hindenburg-journalist
Cubase: steinberg.net/cubase/
Auphonic: auphonic.com

Crowdfunding & Spenden

Patreon: partreon.com
Liberapay: liberapay.com
Steady: steadyhq.com
PayPal.me: paypal.me
bunq.me: bunq.com
Wishlephant: wishlephant.com
Thomann: thomann.de
Auphonic: auphonic.com

Grafikprogramme & Adressen

Affinity: affinity.serif.com
Canva: canva.com
fiverr: fiverr.com

. . .

Sounds & Auftragsmusik

Audiosnippets kaufen: audiojungle.net

Auftragskompositionen: fundmusic.de

Social Media & das Fediverse

Mastodon (Alternative zu Twitter/Facebook): joinmastodon.org

Pixelfed (Alternative zu Instagram): pixelfed.org

Funkwhale (Alternative zu Soundcloud): funkwhale.audio

PeerTube (Alternative zu YouTube): joinpeertube.org

Castopod (Podcasthosting im Fediverse): castopod.org

WriteFreely (Blog-Plattform): writefreely.org

Plume (Blog-Plattform): joinplu.me

Wordpress Plugin für das ActivityPub Protokoll: wordpress.org/plugins/activitypub/

Mobilizon (Alternative zu Facebook-Events & -Gruppen): joinmobilizon.org

Bookwyrm (Alternative zu Goodreads & LovelyBooks): joinbookwyrm.com

Weitere Software

NextCloud (Alternative zu Dropbox, Google Drive, Onedrive, WeTransfer, Google Calendar, Google Adressbuch …): nextcloud.org

Mattermost (Alternative zu Slack): mattermost.com

Cryptpad (Alternative zu Google Docs): cryptpad.fr

Posteo (Alternative zu Gmail und weiteren »gratis« Mailanbietern): posteo.de

Mailbox.org (Alternative zu Gmail und weiteren »gratis« Mailanbietern): mailbox.org

Tutanota (Alternative zu Gmail und weiteren »gratis« Mailanbietern): tutanota.com

Nuudel (Alternative zu Doodle): nuudel.digitalcourage.de

. . .

Sprecherkabinen

Schreibtischaufsatz-Kabine von Markus:

https://www.viennawriter.net/podcast/vwp037-hoerbuecher-produzieren/

Große DIY Sprecherkabine von Joanna:

https://www.thecreativepenn.com/2019/08/07/build-your-own-audio-sound-booth/

Zitat Tim Pritlove, Quelle

https://twitter.com/timpritlove/status/1254930711473242113

Foreneinträge im *Sendegate*

»Profi-Klang für alle! Das HMC660 Headset richtig einsetzen - für unter 100 €«

https://sendegate.de/t/profi-klang-fuer-alle-das-hmc660-headset-richtig-einsetzen-fuer-unter-100/3076

»Weihnachts-Special: das HMC660X direkt an iPhone, Smartphone, Rechner anschließen«

https://sendegate.de/t/weihnachts-special-das-hmc660x-direkt-an-iphone-smartphone-rechner-anschliessen/4565

20

LESETIPPS

Julia Cemron: The Artist's Way / Der Weg des Künstlers

Tammi L. Labrecque: Newsletter Ninja

Larissa Vassilian: Podcasting!: Alles, was Sie für Ihren erfolgreichen Podcast brauchen

Klaudia Zotzmann-Koch: Dann haben die halt meine Daten. Na und?!

DANK AN DIE MITWIRKENDEN

Bei diesem Buch wurde ich tatkräftig unterstützt von Judith S., Eva, Judith A., Christian, Anja, Lars, Kathleen, Sebastian, Edeltraud, Clemens, Brigitte, Michael und Joachim. Außerdem in all den Jahren durch die Podcaster:innen-Community mit all ihren unglaublich engagierten Menschen und ihren vielen großartigen Projekten.

Einen herzlichen Dank Euch allen! <3

EINE BITTE

Liebe Leserin, lieber Leser,

für Autor:innen sind Rezensionen das Um und Auf, um auf dem Buchmarkt bestehen zu können. Wenn dir dieses Buch gefallen hat, hinterlasse bitte eine Rezension wo du es gekauft hast oder auch gern auf deinem Blog oder auf Social Media. Das hilft mir sehr, auch kommende Bücher zu veröffentlichen. Erzähle gern allen Freund:innen von davon. Es macht sich auch gut als Geschenk. ;)

Dankeschön. <3

NEUES VON KLAUDIA

Ich bin Europäerin mit einem Herz für Kaffee und für das Schreiben. Ich schreibe Science Fiction, Kriminalromane, Historisches undSachbücher. Ich arbeite für IT-Sicherheit, Datenschutz, Medienkompetenz & digitale Grundrechte im Chaos Computer Club und bin in mehreren Autor:innen-Vereinigungen engagiert.

Im Fediverse findest du mich unter @viennawriter@literatur.social

Melde dich gerne für meinen Newsletter an:

-> zotzmann-koch.com/newsletter

Meine nächsten Termine für Vorträge, Workshops und Lesungen sowie Leseproben und mehr zu meinen Büchern gibt es auf

-> zotzmann-koch.com

Falls du so begeistert bist, dass du mir einen Kaffee spendieren magst, freue ich mich sehr über deinen Support.

-> zotzmann-koch.com/support

literatur.social/@viennawriter

WEITERE FORMATE DIESES BUCHS

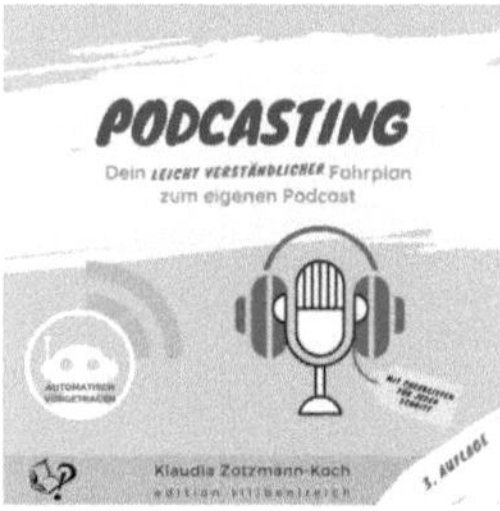

Dieses Buch gibt es auch als automatisch vorgetragenes Hörbuch. Du bekommst es als MP3 zum Download im E-Book-Shop auf meiner Webseite.

-> zotzmann-koch.com/buch-shop

VIELLEICHT MAGST DU AUCH …

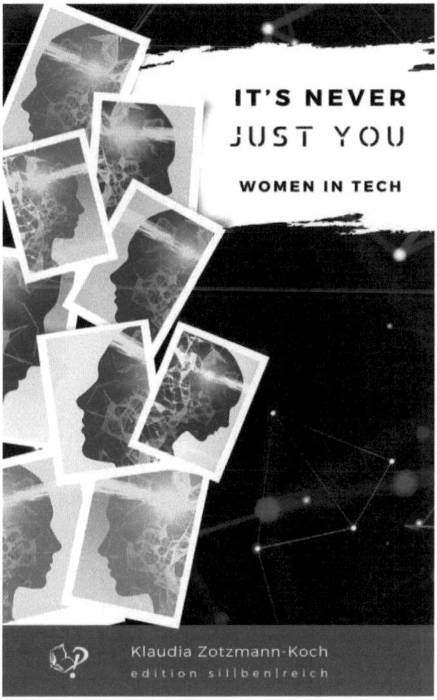

Mein Jahresprojekt 2024: Ein Nonfiction-Buch dazu, wie Frauen in technische Berufe kommen, was sie dort hält und was wir als Gesellschaft tun können, um wirkliche Gleichberechtigung auch über Technik und technische Berufe hinaus zu schaffen.

Eine eigene Newsletter-Liste und mehr Infos findest du unter

zotzmann-koch.com/womenintech

Schokoladen- & Kaffee-Krimis der Paula-Anders-Reihe

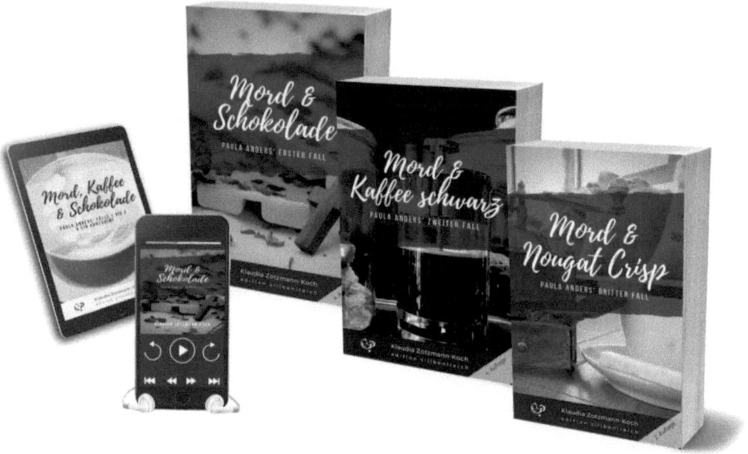

Teil 1: Mord & Schokolade

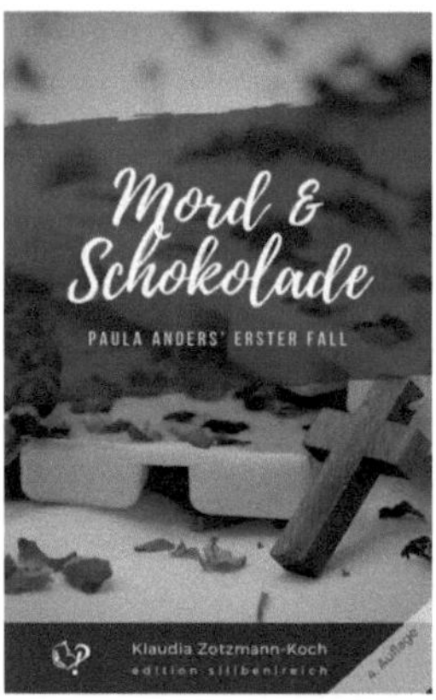

Das süßeste Fachwerkhaus der Welt, wie der Hildesheimer *Umgestülpte Zuckerhut* schon einmal genannt wurde, beherbergt Paula Anders' Spezialitätengeschäft *Bittersweet*: Schokolade und Kaffee. Nur einige hundert Meter weiter klaffen auf der Dombaustelle tiefe Löcher in der entweihten Erde. Als auf den Stufen zur Krypta ein Toter mit einer mysteriösen Schokoladentafel in der Tasche gefunden wird, steckt Paula mit einem Mal tief in Verstrickungen und Korruption, denen auch ihre Jugendliebe Thomas nicht entrinnen kann.

-> zotzmann-koch.com/mord-schokolade

Teil 2: Mord & Kaffee schwarz

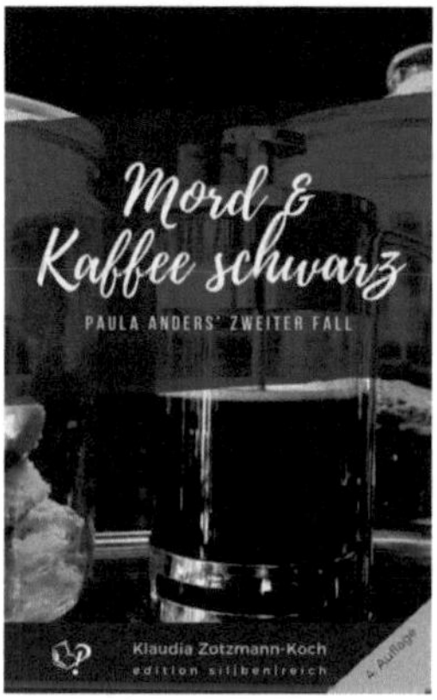

Der zweite Kriminalroman der Paula Anders Reihe. Eine Vernissage im Derneburger *Glashaus* findet ein jähes Ende, als das Oberhaupt der Hildesheimer Künstlergilde tot im nahen Weiher treibt. Durch ihre Verbindung zum Opfer gerät Paula ins Fadenkreuz der Ermittlungen. Doch als plötzlich Paulas Nichte Susi verschwindet, offenbart sich erst das ganze Ausmaß des Verbrechens.

-> zotzmann-koch.com/mord-kaffee-schwarz

Teil 3: Mord & Nougat Crisp

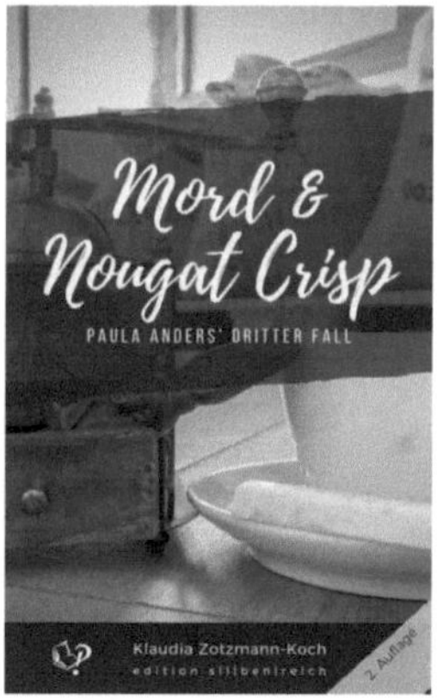

Der dritte Kriminalroman der Paula Anders Reihe. Eine Mumien-Lieferung für das Ägyptische Museum in Hildesheim – Routine, sollte man meinen. Doch am Ende des Tages sind neben den Mumien noch drei Menschen mehr tot. Gleichzeitig taucht in der Stadt eine neue Droge auf – schon eine kleine Dosis führt zum Exodus. Paula Anders und ihre Nichte Susi, die für den Museumsshop mit Schokoladen-Sarkophagen experimentieren, nehmen zusammen mit Susis Exmann und Kriminalhauptkommissar Volker Müller die Ermittlungen auf. Volker gerät unter Zeitdruck, als sein Kollege Brunner mit den Drogen in Berührung kommt.

-> zotzmann-koch.com/mord-nougat-crisp

Sammelband: Mord, Kaffee & Schokolade (nur als E-Book)

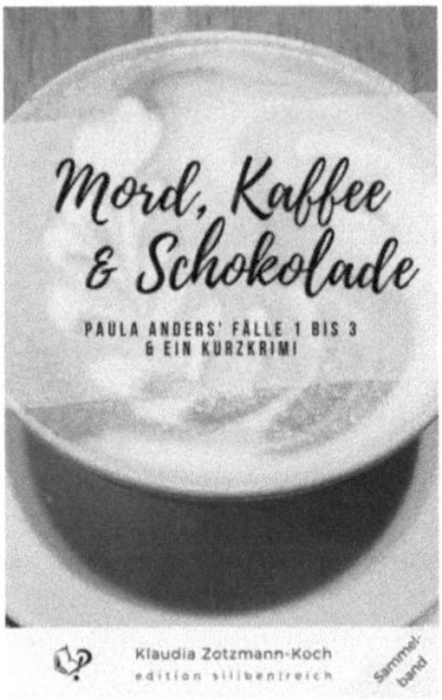

Paula Anders' erste drei Fälle in einem Sammelband: »Mord & Schokolade«, »Mord & Kaffee schwarz« sowie »Mord & Nougat Crisp«, sowie der Kurzkrimi »Schlechte Karten«.

-> zotzmann-koch.com/mord-kaffee-schokolade

Nonfiction Bücher

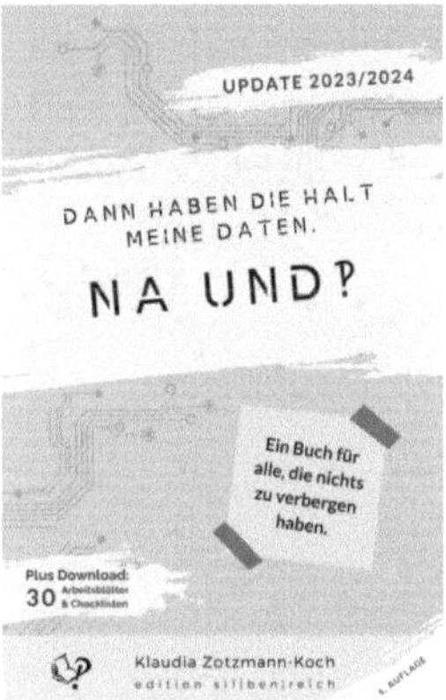

Wer sind Die, die meine Daten haben wollen? Und was heißt das eigentlich? Ich zeige dir, was du in wenigen Minuten tun kannst, um online sicherer unterwegs zu sein.

-> zotzmann-koch.com/na-und

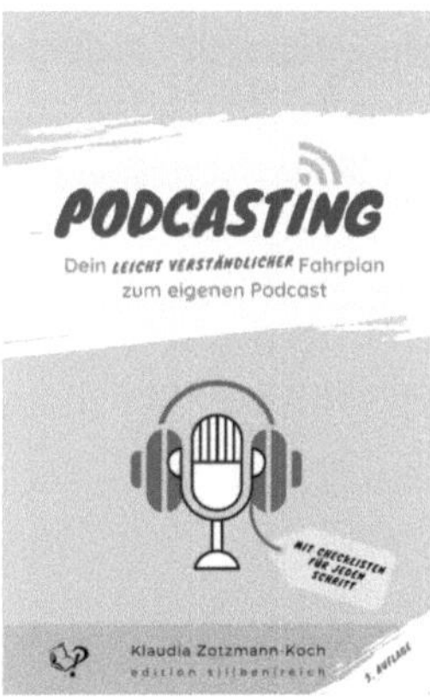

Man muss sich Gehör verschaffen. Warum sind Podcasts im Trend? Was macht sie so besonders? Und was brauchst du, um einen eigenen Podcast zu starten?

Hardware, Software, Datenschutz und andere Rechtsvorschriften und dein Workflow, wie der Podcast bis ins Herz der Hörenden kommt – leicht verständlich und mit vielen Praxistipps vom Start bis zum Ziel.

-> zotzmann-koch.com/podcasting/

Kreative Journale – Jetzt bist du dran!

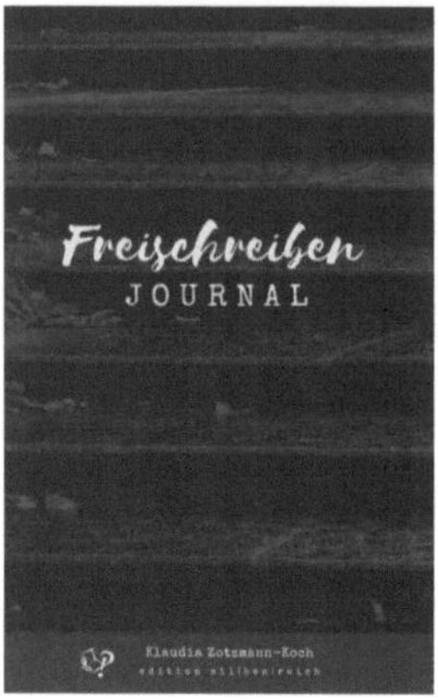

Du möchtest Blockaden lösen oder Projektideen erarbeiten? Das Freischreiben-Journal ist für dich. Du findest es bei der Buchhändlerin deines Vertrauens.

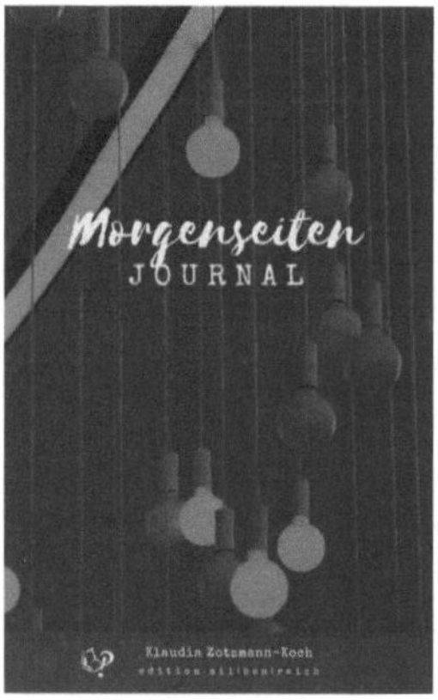

Du hast Spaß am Freischreiben gefunden? Nächster Schritt: Schreib-Routine in Form von Morgenseiten. Schau bei der Buchhändlerin deines Vertrauens nach dem Morgenseiten-Journal.

Podcasts

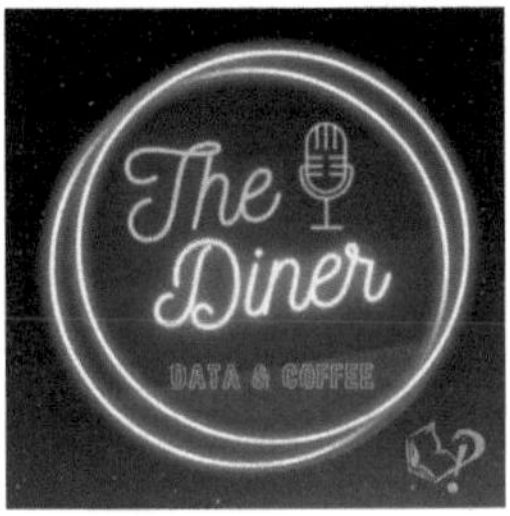

Im The Diner Podcast – data & coffee – geht es um die Bruchkanten unserer digitalen Welt. Von Privatsphäre und Internetsicherheit über Datenschutz und Netzpolitik bis zur Vermittlung technischer Kompetenzen.

-> dinerpodcast.net

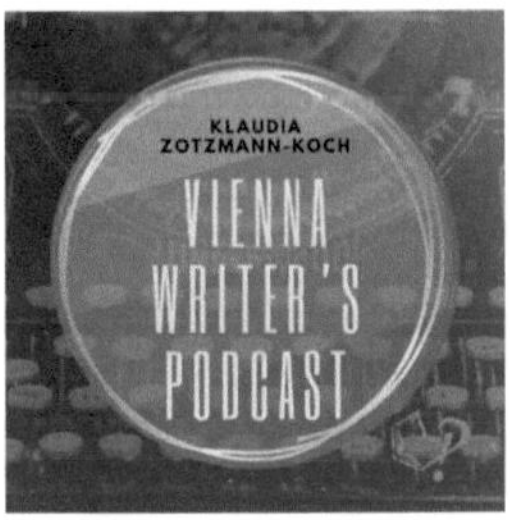

Im ViennaWriter's Podcast teile ich meinen Weg als hauptberufliche Autorin, Gespräche mit Menschen aus der Buchwelt, aber auch Persönliches.

-> viennawriter.net

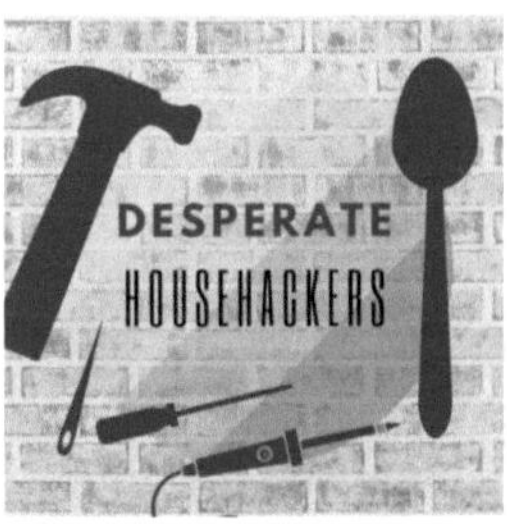

Im Desperate Househackers Podcast wird's experimentell: Kochen, Backen, Reparieren, Löten, Seifensieden und mehr.

-> desperatehousehackers.net

Verantwortlich für Inhalt und Gestaltung dieses Buchs:

3. Auflage, Vorgängerausgabe 2020
ISBN Softcover: 978-3-903324-33-6
ISBN Großdruck: 978-3-903324-34-3

Coverfoto & -design: Klaudia Zotzmann-Koch
Autorinnenfoto: Markus Koch

Druck und Distribution im Auftrag des Verlags:
Klaudia Zotzmann-Koch, edition sil|ben|reich, Austria
c/o Block Services, Stuttgarter Straße 106, 70736 Fellbach
E-Mail: klaudia [at] zotzmann-koch.com
PGP Fingerprint: F773 1363 1BCF BA36 646D 6996 6E45 F677 E1EA 1663

Erstellt mit Vellum